KB097092

| 추천사 |

치열한 온라인 경쟁, 수익률 점프업은 해외소싱이 해답!

온라인 사업 8년차, 결국 유통사업의 종착은 해외소싱입니다. 저 역시 하사장님을 만나고 한정적인 마진 구조에서 벗어나 더 넓은 유통 경로들을 확보할 수 있었습니다! 이 책을 읽어본다면 여러분의 사업은 분명 레벨업 될 것입니다. 경쟁력 있는 온라인사업 만들기, 해외소싱이 해답입니다.

: 돈많은 언니 :

소싱 필독서! 퇴사 후 1,000만원 순수익을 거두었습니다!

퇴사 후 1년 만에 스마트스토어로 순수익 1,000만원을 만들었습니다. 이 과정에서 '소싱'은 선택이 아닌 필수였고 하사장님에게 많은 걸 배웠습니다. 소싱 필독서인 이 책으로 더 많은 분들이 하사장님을 만나길 바랍니다.

: 유정햇살 :

하사장님을 만나니 대박 아이템이 무궁무진!

돈은 벌고 싶은데 뭘 팔아야 할지 모르겠다면 이 책을 보지 않았기 때문입니다. 집에서 한 발만 밖으로 나가면 대박 아이템이 무궁무진합니다. 무역경력 20년의 하사장님이 여러분께 하나하나 알려드릴 것입니다.

: 정다르크 :

돈이
된다!

해외소싱 대박템

돈이 된다! 해외소싱 대박템

초판 1쇄 발행 2021년 9월 23일
초판 2쇄 인쇄 2023년 9월 30일

지은이 • 하태성(물주 하사장)
발행인 • 강혜진
발행처 • 진서원
등록 • 제 2012-000384호 2012년 12월 4일
주소 • (04021) 서울시 마포구 동교로 44-3 진서원빌딩 3층
대표전화 • (02) 3143-6353 **| 팩스** • (02) 3143-6354
홈페이지 • www.jinswon.co.kr **| 이메일** • service@jinswon.co.kr

편집진행 • 임지영 **| 기획편집부** • 한주원, 오은희
표지 및 내지 디자인 • 디박스 **| 종이** • 다올페이퍼 **| 인쇄** • 보광문화사 **| 마케팅** • 강성우

ISBN 979-11-86647-81-3 13320
진서원 도서번호 21006
값 22,000원

국내 유명 셀러를 부자로 만든 하사장의 해외소싱 비법 대공개!

돈이 된다!

해외소싱 대박템

하태성(물주 하사장) 지음

진서원

0원에서 수십억원 매출을 만든 하사장 이야기

서른, 처음 중국에 갔을 때는……

중국에 처음 들어갔을 때가 생각납니다. 서른 즈음이었죠. 스물여덟에 결혼을 했고 가장이었기에 두 달 치 생활비를 만들어놓고 갔어요. 빠듯한 예산이었지만 중국에 하루라도 더 머물고 싶어서 생활비를 아꼈습니다.

숙박비를 아끼기 위해 중국 현지공장 사장님 배려로 직원숙소에서 잤고, 교통비도 아낄 겸 길도 익힐 겸 하염없이 걸어 다녔지요. 모든 시간이 저에게는 금이었습니다. 인터넷이 지금처럼 팡팡 터지는 시절도 아니었고 전화를 편하게 할 수 있는 상황도 아니었지요. 하지만 뭐라도 해내고 싶었고, 내가 가진 젊음과 시간을 투자해야 한다고 생각했습니다.

그때는 세상이 얼마나 뒤숭숭했게요. 서울 가면 눈 뜨고 코 베어 간다는 말이 있었는데, 중국은 눈알이나 내장을 빼 간다는 말들이 돌았고 실제로 가끔 뉴스도 났어요. 하지만 개의치 않았습니다. 가장으로서 가정을 지켜내야 한다는 절박함이 강했어요. 지금 이 책을 읽는 여러분도 비슷한 마음일 거라고 생각합니다.

뚝뚝 떨어지는 매출, 가만히 있을 순 없잖아?

잠깐 제 친구 이야기를 해볼게요. 왼쪽 사진을 보세요. 여기가 어디일까요? 꽃집일까요? 아닙니다. 이곳은 제 친구가 운영하는 다이소 같은 생활용품 잡화점이에요.

뚝뚝 떨어지는 매출, 가족을 먹여 살리기 위해 꽃을 팔기 시작한 친구

가족을 위해 맨땅에서 다시 시작하는 또 다른 친구

이 친구가 예전에는 돈을 참 잘 벌었습니다. 시내에 매장을 몇 개씩 운영하면서 하루 순수익이 수백만원을 훌쩍 넘었어요. 그러다가 급격히 장사가 기울자, 어느 날 제수씨가 도매 화원에서 작은 꽃 화분을 가져와 판매를 시작했습니다. 그런데 이게 너무 잘되는 거예요. 친구 차가 카니발인데 차 한가득 화분을 싣고 오면 원가가 100만원 정도 됩니다. 마진은 2배수로 판매하고 이걸 일주일에 3번씩 했대요. 그럼 일주일에 300만원이 남는 거고 한 달이면 1,200만원 정도 수익

이 생긴 거죠.

친구네도 애들을 키워야 하는데 매출이 떨어질 때 얼마나 답답했겠어요. 궁여지책으로 시작한 꽃장사가 다행히 숨통을 틔워주었지요. 만약 이 친구가 그냥 주저앉아 원망만 했으면 이런 결과는 없었을 거예요. 동트기 전이 가장 어둡다는 말이 있잖아요. 포기하기 전까지는 실패한 게 아니니 우리 모두 파이팅 해봅시다.

새벽엔 버스 기사님, 낮에는 스마트스토어 사장님

한 분 더 소개해볼까요? 저의 유튜브 채널(물주하사장tv)에 출연한 버스 기사님입니다. 이분은 새벽 4시에 출근합니다. 그러면서 스마트스토어에 1일 1상품씩 꼭 업로드하고 있습니다. 한 평도 안 되는 점포에서 택배를 포장하는데, 그 모습을 옆에서 지켜볼 때마다 이런 분은 언젠가 꼭 성공할 거라 생각했어요.

이분은 독학으로 온라인 사업을 시작했습니다. 지난 6개월간 매출이 1억 4,000만원이었고요. 한 달 평균 2,300만원 정도 되지요. 순수익은 800만원, 한 달로 치면 130만원 정도입니다. 사업 마인드와 시스템을 조금만 개편하면 마진 구조가 업그레이드되어 매출과 수익이 증가하리라 생각합니다.

24살 사장님의 패기 - '실패하면 어때? 다시 시작하지 뭐!'

얼마 전 '천재소녀'라는 분을 만났습니다. 그분은 퇴사할 때 전 직장 사장님에게 2,000만원을 빌려 홀랑 말아먹었지요. 하지만 은행에서 3,500만원을 대출받고는 보란 듯이 성공했습니다. 지금은 월 3억원의 매출을 올리고 마진도 30%나 되는 사업체를 운영하고 있어요.

제가 이분께 물었어요. 실패하는 게 두렵지 않았느냐고요. 그런데 이분, 배포가 장난이 아니더군요. "실패하면 어떤가요? 다시 하면 되잖아요!" 24살 아가씨가 이러니 성공한 거라고 생각했어요. 물론 지금 창업에 도전하려는 분 중 천재소녀님처럼 젊지 않은 분들도 있겠지요. 하지만 핵심은 시행착오를 반복하지 않아야 한다는 겁니다. 산전수전 공중전을 겪으며 고전을 하더라도 실패 속에서 배우고 잊지 않아야 성공합니다.

'제품을 소싱했다가 안 팔리면 어떻게 하나요?'

이 책을 읽는 사장님들은 온라인 사업을 하면서 예산을 어느 정도 책정하셨

나요? 아니면 예산 잡는다는 생각 자체를 처음 해보셨나요? 정말 0원으로 온라인 사업이 가능할까요?

쉽게 접근해봅시다. 동네 떡볶이 집을 오픈해도 점포 보증금에다 인테리어, 간판, 집기, 주방설비, 에어컨, 포장재, 비품 등 얼마나 많은 데에 비용이 들어갑니까? 기본 몇천만원은 들어갈 거예요. 물론 보증금은 나중에 뺄 수 있지만 사업이 안되어 월세를 못 낼 형편이라면 보증금도 까먹다가 없어질 수 있겠지요.

해외소싱도 비슷합니다. 10개 가져와서 10개를 다 잘 팔면 좋겠지만 그래도 악성재고로 처치 곤란해지는 물건이 있거든요. 이것 때문에 밤낮 머리를 싸매봤자 화병만 날 뿐 아무 소용이 없습니다. 차라리 그 시간에 재고 처리 방법을 찾아보는 게 나을 수도 있습니다. 다른 상품을 팔 때 사은품으로 주는 방법을 생각해볼 수 있어요. 그러면 본 상품이 팔리는 만큼 악성재고는 없어지지요. 또 다른 방법은 기부처에 기부를 하는 거예요. 세액공제가 되니 그것도 하나의 방법이 될 수도 있습니다. 카카오 오픈 채팅방이나 카페, 밴드 등 온라인에 '덤핑', '땡처리', '도매' 이런 단어만 쳐봐도 업체가 수두룩하게 나올 거예요. 어떤 사장님은 악성재고만 수집해서 수억의 매출을 이룬 분도 있습니다.

이렇듯 실패는 누구나 합니다. 하지만 실패를 털고 일어날 방법을 찾아내면 사업이 두렵지만은 않을 거예요.

사업에 가장 필요한 건? 실행과 절박함

우리 모두 절박함 하나로 여기까지 왔습니다. 사업은 여러 가지 상황이 복합적으로 섞여 성공을 좌우하게 되는데, 나중에 주요 포인트를 깨치면 분명히 크게 성장할 거예요. 크든 작든 사업을 시작한다면 먼저 목표를 설정하고 꾸준하게 밀고 나가는 게 중요합니다.

모든 사업에서 가장 필요한 게 무얼까요? 저는 언제나 2가지를 이야기합니다. 바로 '실행'과 '절박함'입니다.

물론 자본금도 중요하고 아이템, 신뢰, 정직 등등 필수 요소들이 많지만 '실행'과 '절박함'이 여러분의 상황을 한 단계 성장시킬 확실한 요소라고 생각합니다. 더군다나 이 책에서 다루는 해외소싱은 내 돈을 투자해서 상품을 사오는 일이다 보니 더욱 그렇습니다.

피 같은 돈을 싸들고 뭘 할까 고민만 하다가 창업을 포기하는 분을 많이 봤습니다. 하지만 시도조차 하지 않는다면 아무 일도 일어나지 않겠지요. 되든 안 되든 감당할 수 있는 범위 안에서 질러보고 결과를 확인하고 시행착오를 수정해야 하는데 시도조차 하지 않는다면 아무런 일이 일어나지 않습니다. 생각만 하느냐, 실행을 하느냐! 이 둘의 차이가 엄청나다는 것을 꼭 명심하시기 바랍니다.

지속 가능한 성공을 위해 4가지 루틴 제안!

① PC를 끄고 밖으로 나가보세요.
② 판매할 샘플을 사보고요.
③ 창업과정을 기록해 두세요.
④ 실패를 두려워하지 말고 이 루틴을 매일 반복하길 바랍니다.

하사장의 성공 루틴 4가지

❶ PC를 끄고 밖으로 나가라

❷ 샘플을 사보라

❸ 당신의 하루를 기록하라(사업일지)

❹ 실패를 두려워 마라

마지막으로 제 지인 이야기를 하며 마무리할게요. 서울에서 웹디자인을 하다가 40대 초반 실직을 하고 아내와 아이 3명과 같이 부산으로 낙향했습니다. 감각 있는 MZ세대들에 밀려 재취업에 실패한 모습이 안쓰러워 온라인 사업을 함께하자고 권유했지요. 함께 중국에 가자고 몇 번이나 설득하다가 결국 두 손 두 발 다 들었습니다.

내가 중국 들어갈 때 같이 가자. 비행기 표만 끊으면 내가 밥 먹을 때 네 숟가락 하나 더 놓으면 되고, 방도 침대 2개 있는 것 잡으면 되니까 부담 가지지 말고 함께 가자.

글쎄, 모든 정보가 인터넷에 있는데 왜 가야 해? 중국 물건도 인터넷에 다 있어!

여러분은 이 상황을 어떻게 생각하시나요? 지금은 제가 이 친구와 일을 하지 않는 이유를 아시겠지요?

수많은 정보가 인터넷에 다 있습니다. 그런데 직접 발품을 팔아 시장에 나가 보고, 사람도 만나보고, 세상이 어떻게 돌아가는지 구경해봐야 제대로 된 정보가 뇌에 각인이 됩니다. 그리고 시장도 조심스럽게나마 예측이 가능하지요.

앞으로 코로나를 극복하고 집단면역이 완성되면 일명 '보복구매'가 일어날 거예요. 그에 맞춰 해외소싱도 늘어나고 많은 분들이 돈을 벌 기회를 포착할 것입니다. 이 거대한 흐름에 여러분도 동참하길 기원합니다.

해사장

하사장의 해외소싱 노하우 대공개!

요약

START →

도매시장, 박람회 방문부터 시작!
1단계

→

- □ 동대문시장, 코엑스 방문하기
- □ 하루 1시간 이상 아이템 서칭 필수!

〈첫째마당〉 참고

나와 궁합이 맞는 소싱처 찾기!
2단계

- □ 캔톤페어
- □ 이우시장
  ⋮
- □ 1688
- □ 이우고
  ⋮

〈둘째마당〉 참고

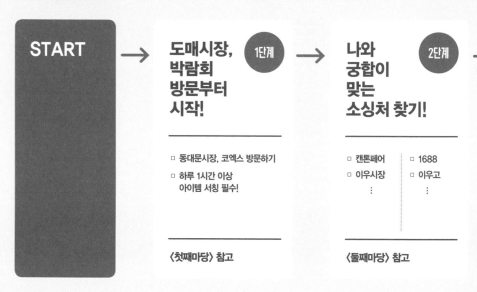

특허  **미리보기**

① '키프리스'에서 특허 여부 검색하기(예: 쓰리××)
　→ 상표 등록 여부와 상품 분류(1~34류) 확인!
② 키워드(예: 빗자루)로 검색 후 디자인 특허 여부 확인하기
　→ 디자인 특허 등록되어 있다면 → 수입 ×

KIPRIS 특허정보검색서비스

국내 유명 셀러를 부자로 만든 4단계 실천법

샘플 소량 소싱하기   **3단계**

□ 샘플의 재질, 사이즈, 무게, 디자인 등 퀄리티 체크!
□ 본품과 같은지 대조
□ 판매 전 상세페이지 제작

〈첫째, 둘째마당〉 참고

본품 대량 소싱하기   **4단계**

□ 특허 여부 확인하고 소싱 결정!
□ 인증 절차, 비용 확인하기
□ 왕초보라면 간이 통관
  (구매대행업체)으로 진행!

〈셋째마당〉 참고

해외 소싱 성공!

경쟁자를 물리치는 특허, 인증, 통관

인증 미리보기
(어린이 인증 사례)

① 만 13세 미만 어린이 제품인가?
  → 인증 필수
② 어린이도 쓰고 성인도 쓰는 제품이라면?
  → '14세 이상 사용' 표기하면 인증 패스!

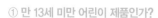

통관 미리보기

① 물량이 어느 정도인가?
  → 적으면 간이 통관
  → 많으면 사업자 통관
② 간이 통관 시 대행업체가 배송만 취급하는지 체크!
③ 대행업체가 인증, 검사까지 취급 시 물류비 가격이 적정한지 체크!

소싱 파격지원 쿠폰

| ① 물주 소싱 지원 포인트 (30,000점) | + | ② 소싱 원가 자동 계산기 + 소싱처 비밀 리스트 | + | ③ 물주 주관 이우시장& 캔톤페어 참가 시 5만원 적립! |

---

① 물주 소싱 지원 포인트 사용법

| 1단계 |
물주 (www.mulzoo.com) → 회원가입

| 2단계 |
'추천인 아이디'에 쿠폰의 코드를 입력하면 포인트 30,000점 적립!

---

② 소싱 원가 자동 계산기 사용법 +소싱처 비밀 리스트

| 1단계 |
저자 카페 (cafe.naver.com/factorychina2020) → 물주스터디 클릭 → 오프라인 스터디 클릭 → 도서 구매자 선물쿠폰 1, 2 게시물

| 2단계 |
'원가 계산기' + '도움 되는 소싱처 리스트' 파일 다운로드!

| 3단계 |
파일을 열어 쿠폰의 비밀번호를 입력하면 끝!

---

③ 물주 주관 이우시장& 캔톤페어 참가 시 5만원 적립!

| 1단계 |
물주 사이트(www.mulzoo.com)에서 회원가입하기

| 2단계 |
사이트 오른쪽 하단 실시간 채팅 문의하기

| 3단계 |
물주에서 확인 후 5만원 적립!

자세한 내용은 228쪽 참고

SOS

궁금한 내용이 있다면
물주 하사장에게 물어보세요

《돈이 된다! 해외소싱 대박템》을 공부하다가 궁금한 내용이 있다면
저자에게 직접 물어보세요. 물주 하사장 카페(cafe.naver.com/factorychina2020) →
〈궁금해요 하사장님!〉 게시판을 활용하세요.

20년 경력 해외소싱 전문가의 카페

저자의 카페(cafe.naver.com/
factorychina2020)에 오시면
해외소싱 관련 정보, 온라인 판매 최신
트렌드, 하사장이 추천하는 소싱 아이템,
다른 셀러분들의 사업일지 등 많은 정보를
보실 수 있습니다.

물주 하사장
유튜브 '물주하사장tv

저자의 유튜브(www.youtube.com/c/mulzoo)에
오시면 스마트스토어, 중국 소싱 사업 정보, 셀러분들의
사업 성공 노하우와 팁 등 많은 정보를 보실 수 있습니다.

유튜브 동영상(QR코드)과 함께 보면 이해가 빠릅니다.

하사장의 동영상 강의 목차

〈첫째마당〉

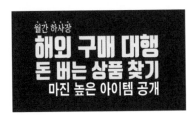

〈셋째마당〉

〈돈이 된다! 해외소싱 대박템〉

첫째
마당

해외소싱은
어떻게 대박을 만드는가?

해외소싱 두드려라! 열릴 것이다! 01

초보 셀러를 위한 해외소싱 FAQ 동영상을 함께 보세요. (1:12부터)

해외소싱, 중국이 90% 이상 차지!

해외소싱이란 말 그대로 해외에서 물건을 들여오는 것을 말합니다. 물건을 수입하는 것으로 이해하면 편하겠네요. 예전에는 무역 전문가들이 해외소싱을 독점했지만 지금은 유통의 경계가 많이 허물어졌습니다. 누구나 쉽게 뛰어들어서 싼 가격에 물건을 가져와 돈을 벌 수 있는 시대가 되었습니다.

세계 전역에서 쓰는 상품 대부분은 중국산입니다. 예전에는 가정용품의 경우 홍콩 박람회에서, 인테리어 용품은 프랑스나 독일에서, 기프트 상품은 일본에서 들여오는 경우가 많았지만 지금은 중국에 가면 다 있어요. 중국만 제대로 파고들어도 해외소싱 전문가란 소리를 들을 수 있습니다.

가장 싸게 사는 건 해외소싱뿐, 가격경쟁력은 물론 마케팅 총알까지!

여기서 잠깐, 여름을 앞에 두고 인기를 끌 것 같은 '쿨링타올'을 찾아봤습니다. 네이버(소매)에서 5,800원에 판매가 되고 있고 도매꾹(도매)에서는 2,300원에 판매가 되네요. 중국에서 직접 소싱을 하면 얼마일까요? 약 3.8위안 정도로 한국 돈으로 환산하면 1,000원 이하인데요, 이게 '쿨링타올'의 원가입니다.

자, 어떤가요? 해외소싱을 알면 셀러가 할 수 있는 일들이 많아집니다. 가격 비교를 무서워할 필요도 없고 신상품을 판매할 때 사은품으로 주거나 1+1 판매를 해도 부담이 없습니다. 해외소싱을 알면 위탁판매를 하든 구매대행♦으로 팔든 수익이 날 수밖에 없는 구조입니다. 조금 더 적극적인 자세로 소싱해서 제품을 판매하면 마진과 경쟁력이 올라가면서 대박이 터지는 제품이 분명히 나타날 거예요. 주저하지 말고 해외소싱에 뛰어들길 바랍니다.

♦ **위탁판매** : 국내에서 온라인으로 물건을 팔 때 자체 재고를 가지고 있지 않으면서 도매업자나 수입업자의 물건을 판매하는 것을 말해요.

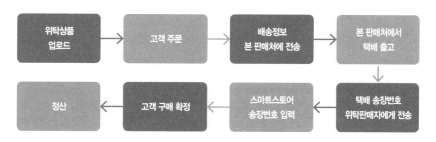

구매대행 : 중국 구매대행의 경우 중국 쇼핑몰의 제품을 한국 쇼핑몰에 노출해 판매가 일어나면 중국쇼핑몰에서 구매해서 판매하는 것을 말해요.

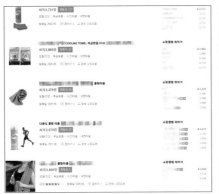

도매꾹에서는 쿨링타올이 2,300원에 판매되고 있어요.

네이버에서 쿨링타올은 소매가 3,700~4,000원대에 팔리고 있어요.

중국에서 해외소싱을 하면 원가 1,000원 이하로 들여오기 때문에 가격경쟁력 우위에 서게 됩니다!

Tip 셀러들이여! 사업일지를 써보자!

온라인에서 사업을 한다는 것은 참 외롭습니다. 이제 막 시작하는 분들은 혼자서 해나가야 하니 더 막막하지요. 그럴 땐 사업일지를 써보세요. 오늘 내가 한 일, 느낌, 다짐, 목표 등 이런 것을 블로그나 인스타그램에 꾸준히 남기다보면 성장의 밑거름이 될 겁니다.

어떻게 써야 할지 막막하다면 제가 운영하는 물주카페(cafe.naver.com/factorychina2020)에 와서 다른 분들이 쓴 사업일지를 읽어봐도 좋을 거예요. 동기부여도 되고 잘하는 분들 내용을 참고도 하고 사업 방향도 정리해볼 수 있습니다.

물주카페 왼쪽 '사업일지' 게시판에 여러 대표님들이 적어 놓은 사업일지가 있으니 참고해서 써보세요.

지금 당장 PC를 끄고 밖으로 나가자! 02
(feat. 도매시장, 박람회)

국내·일본 박람회 발품 동영상을 확인할 수 있어요.

때로는 오프라인에 더 많은 기회가 있더라

사업의 기회가 온라인에 많이 있습니다. 하지만 더 큰 기회는 사람에게 있지요. 저는 몇 해 전 일본 오사카에 수금을 하러 간 적이 있습니다. 온라인 송금을 받을 수 있었지만 일본 거래처를 뚫을 수 있다는 희망으로 단숨에 날아간 것입니다. 낮에는 시장조사를 위해 돌아다니고 밤에는 거래처 대표님과 저녁식사를 했습니다. 이렇게 인연이 되어 연락을 하다가 많은 분들을 또 소개받았지요. 이 때 '신사임당'님 친구인 '창업다마고치'님과 연결이 되었어요.

맨땅에서 무작정 해외로 나갈 순 없겠지요? 초보 셀러분들은 어디를 먼저 가는 게 좋을까요? 해외로 나가기 여의치 않다면 우선 한국의 도매시장과 박람회부터 가보기를 추천합니다.

일본 거래처를 뚫을 수 있다는 희망으로 오사카로 출발!　생활, 리빙 분야로 유명한 일본 도쿄 기프트쇼 박람회

초보 셀러는 국내 도매시장 → 해외 도매시장 순으로 방문

우리나라 도매시장을 떠올려보면 남대문시장, 동대문시장이 생각날 것입니다. 우선 이곳부터 둘러보면 좋겠네요. 도매시장의 메커니즘은 어디든 비슷합니다. 국내 도매시장에서 우선 감을 잡고 해외 도매시장을 가보는 게 좋습니다.

전 세계 셀러들이 해외소싱을 위해 찾는 도매시장은 중국에 몰려 있습니다. 중국 이우시장, 광저우시장이 대표적이죠. 이곳을 둘러보기 위한 패키지 여행상품이 따로 있을 정도니, 처음 방문하시는 분이라면 이용하는 것도 좋겠습니다. 저도 코로나 사태가 안정되고 하늘길이 열리면 오프라인 시장과 박람회 투어를 할 계획이에요.

초보 셀러는 국내 박람회 → 해외 박람회 순으로 방문

한국에도 박람회가 많이 열립니다. 킨텍스, 세텍, 코엑스, 벡스코 등 전 지역에 박람회장이 자리하고 있지요. 지금 당장 각 박람회장 일정을 온라인에서 확인하고, 업종별로 나에게 맞는 카테고리가 있으면 꼭 가보세요. 제가 아는 사장님은 킨텍스에서 집중적으로 캠핑용품을 팔고 있습니다. 10개 부스를 빌리면 2,000만원 정도의 비용이 들지만 여기에서 1년 매출의 90%를 뽑는다고 해요. 셀러의 성향과 아이템에 따라 박람회만 잘 활용해도 돈을 벌 수 있습니다. 초보자라면 어떻게 돌아가는지 눈여겨보는 것만으로 큰 도전을 받을 수 있을 거예요.

인테리어와 가정 제품 관련된 박람회로는 동아전람 그리고 홈테이블데코페어, 홈앤리빙페어, 메가쇼 등이 있습니다. 이런 곳은 한 번쯤 꼭 방문하길 추천합니다.

중국에서 가장 유명한 박람회는 광저우에서 열리는 캔톤페어입니다. 중국은 1년에 열리는 박람회만 3만 3,000개입니다. 중국뿐 아니라 다른 나라의 박람회도 기회가 된다면 가보길 바랍니다.◆

◆　캔톤페어에 대한 자세한 내용은 84쪽을 참고하세요.

해외 도매시장

해외 박람회

국내 도매시장

국내 전시회

지금 당장 PC 앞에서 일어나 밖으로 나가세요!

Tip 초보 셀러가 박람회나 도매시장에서 해야 할 일

명함을 주고받고 인사하는 게 최우선!

박람회나 도매시장에 가면 가장 먼저 해야 할 일이 명함을 주고받는 것입니다. 뜬금없이 부스에 들어가 이야기를 거는 것보다 확실한 인사 방법이지요.

 제가 이러이러한 제품을 온라인에서 판매하는(판매할) 사람인데, 대표님 제품이 좋아 보여서 판매를 해볼까 합니다. 공급해주실 수 있는지요? 가격은 어느 정도 해주실 수 있는지요?

궁금한 내용들을 차근차근 물어보세요. 상대방도 판매자입니다. 자기 제품 팔아준다는데 안 좋아할 사람이 있겠어요. 친절히 답해줄 것입니다.

이렇게 현장에서 열심히 제품에 대한 정보를 얻은 후 사무실로 돌아와 그 제품에 대해 시장조사를 하는 겁니다. 현장에서 얼굴 보고 인사했다고 바로 계약할 필요는 없습니다. 내가 잘 알고 있는 제품이 아니라면 데이터를 분석한 후 나중에 주문해도 됩니다. 이건 한국이나 중국이나 어디든 똑같습니다.

제품 분석은 다녀온 뒤에 해도 충분합니다.

박람회와 도매시장에서 받은 명함

샘플 사는 것을
아까워하지 말자!

03

운동화 샘플 비교분석 동영상을 확인할 수 있어요.

온라인에서 눈으로만 샘플을 확인하지 말 것!

내가 팔아야 할 물건을 온라인으로만 확인하면 안 됩니다. 좋은지 나쁜지는 직접 눈으로 봐야 합니다. 도매시장이나 박람회에 가면 샘플을 꼭 사두세요. 샘플을 열심히 분석했는데 안 좋으면 다른 제품으로 접근하면 되고, 좋다면 이걸로 미리 상세페이지를 만들고 판매 전략도 세우면 되겠지요. 샘플을 소싱하기로

결정했다면 이걸 들고 거래처에 다니면서 영업도 할 수 있을 거예요. 샘플에 쓰는 돈을 너무 아깝다고만 생각하지 마세요.

고객 클레임에 대비하여 샘플 미리 확인!

아래 사진들은 좀 과하죠? 샘플을 미리 받고 직접 사용해보지 않으면 몰랐을 상황들이 현실에서는 종종 생기기도 합니다. 따라서 가능한 한 샘플을 미리 받고 모든 경우의 수를 파악하고 고객 클레임을 예상하며 다양한 실험을 해보는 게 좋습니다.

샘플은 가격이 비싸더라도 그만한 값어치가 있습니다.

샘플의 유용함 - 퀄리티 확인, 본품 대조, 상세페이지 제작

간혹 샘플에 투자하는 돈이 아깝다고 생각하는 분도 있는데요, 본품보다 샘플이 비쌀 때 그렇게 여기는 것 같습니다. 정말 그 돈이 아깝다면 나중에 본품을 대량으로 주문할 때 샘플 비용만큼을 깎아달라고 하면 됩니다.

샘플의 활용 용도는 다양합니다. 제품의 특징, 장단점 파악 등 퀄리티 확인은 물론, 소싱을 결정한 경우 본품과 같은지도 대조해봐야 합니다. 본품이 올 때까지 상세페이지를 제작할 수도 있어서 이래저래 유용합니다.

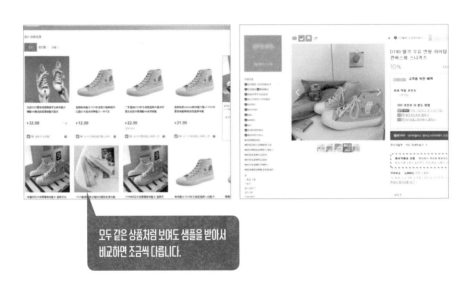

모두 같은 상품처럼 보여도 샘플을 받아서 비교하면 조금씩 다릅니다.

마음에 드는 샘플이 없어서 직접 주문생산을 한다면?

며칠 전 어느 분에게 전화가 왔어요. 어르신들이 끌고 다니는 4바퀴 보행기(롤레이터)를 취급하는데 좋은 공장을 소개해달라며 부탁을 했죠. 이야기를 할수록 이분이 생각하는 좋은 공장의 기준이 뭘까 궁금해졌어요. 제품을 잘 만드는 것을 원하는 건지, CS 대응이 필요한 건지 파악이 안 되었거든요.

이럴 땐 백 마디 말보다 샘플부터 건네주고 기준을 제시하는 게 빠릅니다. 제품에 대한 스펙을 정확하게 짚어주고 요구를 해야 해요. 사이즈는 기본이고 파이프 두께라든지 무게, 재질 등 챙겨야 할 게 많지요. 적어도 공장에 주문생산을 하려면 반전문가가 되어야 합니다. 좋은 물건을 알아서 만들어주는 공장은 없습니다. 만약 자신이 상품 전문가가 아니라면 그 공장에서 생산하는 제품을 먼저 샘플로 받고 거기서부터 출발하는 게 좋습니다.

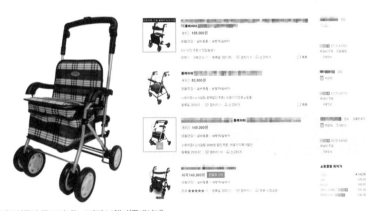

어르신들이 끌고 다니는 4바퀴 보행기(롤레이터)

중국 공장에 주문생산을 하려면 반전문가가 되어야 합니다!
- ☐ 사이즈는?
- ☐ 파이프 두께는?
- ☐ 무게는?
- ☐ 재질은?
...

대박상품은 아무도 알려주지 않는다!

04

대학생 '괴도머니'님이 월 2억 매출 시스템을 만든 사연을 확인할 수 있어요.

대박상품, 사장이 발굴해야 성공률 UP!

자, 이제 본격적으로 상품에 대해 이야기를 해볼까요? 많은 분들이 저에게 좋은 상품을 찾는 법, 잘 파는 법을 알려달라고 합니다. 정말 그런 노하우가 따로 있을까요?

사람들이 원하는 상품의 기준은 저마다 다릅니다. 취향도 판매주기도 제각각이지요. 지금 베스트셀러 1위 상품이라 해도 내가 들어갈 때는 끝물일 수도 있습니다. 결론적으로 사장님 스스로 파악해야 합니다. 아무래도 자신이 좋아하고 잘 알고 있는 상품을 판매하면 성공할 확률이 높아지겠지요.

'괴도머니'님은 대기업 건강식품을 팔고 싶었지만 1인 셀러에게는 기회가 오지 않았습니다. 그래서 유통 방식을 다르게 접근하여 건강식품 B2B 사업을 시작했습니다. 종×당 같은 브랜드 제품을 팔기 위해 셀러들을 모아 제품을 대량으로 받았기에 결국 대기업 건강식품을 판매하게 되었지요.

'괴도머니'님 대박상품 발굴 아이디어는 B2B에서 발견!

제품을 잘 안다고 잘 팔지는 않더라?

지인 중 세차 마니아가 있습니다. 차 트렁크에 세차용품이 가득하지요. 이런 사람은 이쪽 제품을 판매해도 됩니다. 여기서 잠깐! 자신이 잘 아는 분야의 상품은 무조건 잘 팔 수 있을까요? 그건 이야기가 좀 다른 것 같습니다.

다양한 세차용품들

네이버에 입점한 세차용품 쇼핑몰들

저는 운전병 출신입니다. 세차와 왁스칠은 물론 차 하부까지 기어 들어가 닦았습니다. 겉으로 봤을 땐 세차용품 판매하기에 딱인 것 같죠? 오히려 군대에서의 경험으로 인해 세차에 대한 거부감이 강해 지금 제 차에는 그 흔한 걸레 한 장도 없습니다. 잘 아는 분야라고 해도 관심이 없다면 잘 팔 수도 없겠지요.

똑같은 상품도 관점에 따라 사용가치가 달라진다

연애상대와 결혼상대는 관점이 다릅니다. 제품도 마찬가지입니다. 외형과 정해놓은 키워드에 안주하지 말고 새로운 관점에서 틀어서 본다면 많은 기회를 잡을 수 있습니다.

키워드라는 단어가 인터넷 쇼핑몰에 들어온 지 몇 년 되지 않았습니다. 하지만 지금은 모든 사람들이 키워드에 의존하고 있지요. 그러다보니 정작 중요한 상품에 대해서는 관심이 떨어져 있는 게 현실입니다. 우리는 좋은 상품을 찾아서 판매하는 사람들이지 키워드를 찾아내는 사람들이 아닙니다. 키워드를 무시할 수는 없어도 판매의 중심은 제품이라는 것을 잊으면 안 됩니다.

마스크 대란 때 마스크 대신 자석 후크(걸이)를 팔아서 매출을 올린 사장님이 있습니다. 일반적으로 이런 제품은 냉장고에 많이들 부착하죠. 똑같은 제품이지만 생각을 달리하면, '현관 마스크 걸이(현관은 보통 철제)'로 풀 수도 있습니다. 이러면 시장이 완전히 달라지게 됩니다. 경쟁자를 제치고 새로운 시장을 다 확보하게 되는 셈이죠.

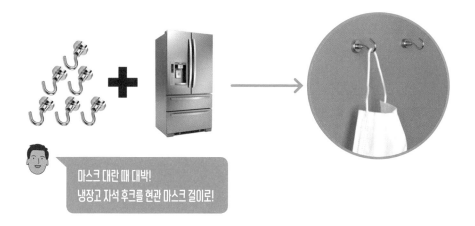

마스크 대란 때 대박!
냉장고 자석 후크를 현관 마스크 걸이로!

마스크 대란 때 남들도 판다고 따라 팔면 이미 늦습니다. 마스크 수요가 증가하면 어떤 상품의 수요가 증가할까, 이걸 생각하는 게 빠릅니다. 예를 들어볼까요? (귀 안 아프게 하는) 마스크 밴드, 마스크 스트랩, (숨 쉬기 편한) 마스크 가드, 마스크 박스, 마스크 보관함 등 어떤가요? 엄청 많죠? 모두가 마스크를 쳐다보고 있을 때, 그 주변을 보는 겁니다. 수요를 예측하고 선점한 분들은 큰돈을 벌었어요.

이렇듯 같은 제품도 다르게 보는 관점을 가진다면 대박상품을 발굴할 기회가 생깁니다. 참고로 냉장고 자석선반을 저희 집에서는 현관에 부착해서 잘 쓰고 있습니다.

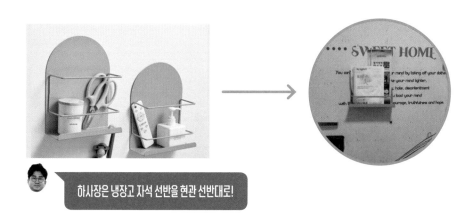

하시장은 냉장고 자석 선반을 현관 선반대로!

주변에 장사를 잘하는 사장님들이 공통적으로 말하는 대박상품을 고르는 법은 다음의 3가지 정도입니다. 자세한 설명은 다음 장에 이어집니다.

▪ 잘나가는 사장님들의 대박상품 체크리스트 ▪

☐ 1 | 생활 속에서 쉽게 접하는 상품인가?

☐ 2 | 소비자가 간절히 원하는 상품인가?

☐ 3 | 단발성 상품은 아닌가?

05

생활 속에서
쉽게 접하는 상품인가?

다이소와 이우시장의 대중 생활용품 가격비교 동영상을 확인할 수 있어요.(예 : 욕실용품)

아침부터 저녁까지 나는 어떤 물건을 쓰고 있나?

생활 속에서 쉽게 접하는 상품은 소비자에게 구구절절 설명할 필요가 없고 이해도가 높아 진입하기 쉽습니다. 일단은 내 주위에 어떤 상품들이 있는지 확인해봅시다. 아침에 눈 떠서부터 잘 때까지, 내가 뭘 쓰는지를 한번 찾아보는 겁니다.

먼저 눈 뜨면 화장실로 가서 칫솔질을 하겠지요? 그럼 칫솔, 치약, 칫솔꽂이, 치약꽂이, 양치컵, 수전을 접하게 됩니다. 요즘은 '거꾸로 수전'(컵 필요 없이 물이 거꾸로 올라오는 수도꼭지)도 종종 보이더군요. 그 밖에도 수건, 비누, 샴푸, 린스, 수건걸이, 비누받침 등 다양한 상품들이 보일 겁니다. 여러분도 상품들을 일일이 나열해보세요. 이런 것들은 내가 잘 알지는 못해도 익숙하니까 팔 수 있을 겁니다.

실습 화장실에서 쉽게 보이는 상품 나열하기

여기서 당신이 팔 대박상품은 무엇일까요?

□ 칫솔　　　　□ 치약　　　　□ 칫솔꽂이
□ 치약꽂이　　□ 양치컵　　　□ 수전
□ 수건　　　　□ 비누　　　　□ 샴푸
□ 린스　　　　□ 수건걸이　　□ 비누받침 등

① 이렇게 나열한 후 이해하기 어렵거나 내가 잘 모르는 상품은 제외시키세요.

② 많이 팔고 싶다면 대중이 더 좋아하는 상품을 골라야 합니다.

③ 그럼 저 위에서 몇 가지 상품이 남을 거예요. 그걸 팔면 됩니다.

④ 지금 장사를 잘하고 있는 셀러 대부분은 자신의 필요에 의해 상품을 사보고 구매를 진행한 경우가 많습니다.

마니아만 찾는 물건은 가급적 피할 것!

아래는 무슨 상품일까요? 사진만 봐서는 잘 모르겠지요? 바텐더들이 칵테일을 제조할 때 사용하는 것들입니다. 마니아층과 전문가를 겨냥한 상품은 되도록 피하세요. 물론 내가 그 시장을 잘 알고 있다면 이야기가 다르겠지요. 그런 게 아니라면 가급적 피하는 것을 추천합니다.

이것은 무슨 물건일까요?
알쏭달쏭하다면 패스!

사람들이 잘 몰라도 꼭 팔고 싶다면?

사업체를 꾸리면서 언젠가 내가 해보고 싶은 일을 하는 것도 중요합니다. 남 일도 아니고 내 일인데 가끔은 내가 좋아하는 것도 하면 좋겠지요?

저 같은 경우는 살까 말까 고민하면 100% 안 삽니다. 하지만, 할까 말까라든지 갈까 말까를 고민하면 거의 100% 실행합니다. 그래야 내 인생에 후회가 없지 않겠나 생각합니다. 그때 해볼걸, 그때 가볼걸 하고 후회하지 말고, 사업을 하면서 불법적인 일만 아니라면 다 해보시기를 바랍니다.

아래 사진을 보고 좀 놀라셨죠? 저는 어려서부터 물에서 노는 걸 좋아했습니다. 아래 상품은 스코글 수중스쿠터예요. 익숙한 상품은 아니지만 마니아층은 확실히 있습니다. 저 같은 사람들이 좋아하고 찾을 제품이지요. 제가 셀러의 위치면 저는 이런 상품을 판매할 것입니다.

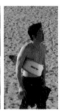

마니아에게만 익숙한 상품인 '스코글 수중스쿠터'
하사장이 좋아해서 판매 찜!

여러분도 이런 상품이 있나요? 그렇다면 비중은 줄여서 팔기 바랍니다. 전체 상품 중 10% 이하로 말이지요. 그러면 부담도 적고 해볼 만하거든요.

무엇보다 내가 좋아하는 상품으로 장사를 하면서 내 사업에 재미를 붙여야 합니다. 같은 일을 매일 하고 기계적으로 살아간다는 느낌이 든다면 돈 버는 것도 어느 순간에는 질립니다. 때로는 돈보다 더 귀한 내 인생의 가치를 느껴야 합니다. 내가 꼭 팔고 싶은 물건이 있다면 언젠가는 꼭 도전해보시기를 바랍니다.

소비자가 간절히 원하는 상품인가?

06

소비자 인기템인 스마트폰 액세서리 종류와 인기를 확인할 수 있어요.

사람들이 좋아하는 상품을 찾아라 - 네이버 랭킹 100

아직 어떤 상품을 팔지 감조차 안 잡힌 분이라면 '네이버 메인 → 쇼핑'을 누르면 보이는 '네이버 랭킹 100'을 살펴보세요. 세부 분야별 랭킹도 관심 있게 보시고요. 네이버 랭킹은 최신 트렌드가 어떻게 돌아가는지 참고하는 데 도움이 됩니다.

네이버 메인 → 쇼핑 → 베스트100 클릭!

왜 이 상품이 베스트셀러인지 연구해보세요!

이렇게 올라온 제품을 똑같이 파는 것보다 조금 비틀어서 팔면 좋습니다. 제품 하나하나 살펴보면서 왜 이게 잘나가는지도 생각해보고요.

예를 들어 아래 왼쪽 사진처럼 '도×독' 차량용 방향제가 잘나간다면 '도×독'이라서 잘나가는지 아니면 예쁜 차량방향제라 잘나가는지 살펴보세요. 리뷰를 꼼꼼히 읽다보면 그 이유를 유추해볼 수 있을 것입니다.

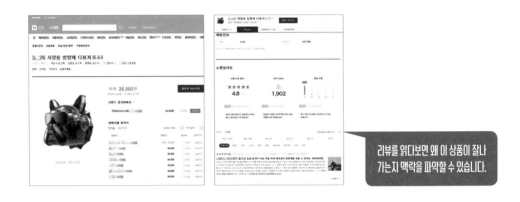

리뷰를 읽다보면 왜 이 상품이 잘나가는지 맥락을 파악할 수 있습니다.

똑같은 제품을 팔아도 왜 이 사람이 성공할까?

온라인에서 노출되는 상품별로 셀러들이 다 따로 있습니다. 이렇게 노출하기 위해 엄청난 노력을 했겠지요? 하지만 똑같은 상품인데도 대박을 치는 곳이 있는가 하면 하나도 못 파는 곳도 있습니다. 그 차이는 무엇일까요? 결국 소비자를 설득하는 데 성공했느냐에 따라 성패가 갈립니다. 우리가 발굴한 상품을 소비자가 알아서 사줄 거란 기대는 버리세요. 구매가 일어날 수 있을 때까지 끊임없이 고민하고 힘써야 합니다.

초보 셀러는 1등 따라 하기도 좋은 전략!

초보 셀러들이 물건을 팔 때는 1등 상품을 따라 파는 것도 좋은 방법입니다. 하지만 무조건 팔기보다는 상품의 판매주기와 경쟁구도를 파악한 후 전략을 세울 필요가 있습니다.

작년에 아래 왼쪽 사진의 나비 모양 저주파 마사지기가 큰 인기를 끌었습니다. 이건 사실 30년 전에도 있었던 상품인데, 회사에서 마케팅을 아주 잘해서 판매가 되었다고 생각합니다.

이 제품의 단점은 쓸수록 피부와 접촉되는 젤패드 부분이 너덜너덜해진다는 것이죠. 개인적으로 그 대안이 오른쪽 사진 제품이라 생각했습니다. 인터넷에서 찾아보니 몇 군데 업체가 이미 팔고 있더군요. 사실 오래전부터 수입을 준비하고 있었던 터였는데 한 발 늦은 셈이지요. 하지만 포기하지 않고 곧바로 생각을 전환했습니다. 먼저 진입한 업체가 시장도 개척해주고 광고도 열심히 해주고 있으니 오히려 기회라는 생각을 했지요.

 VS

2020년 최고의 히트상품. 나비 모양 저주파 마사지기

나비 모양 제품이 히트 친다고 그 제품만 쳐다볼 게 아니라, 다른 걸 봐야 합니다.

나비 모양 마사지기는 이제 사람들이 살 만큼 다 샀고 대신 일부 소비자들이 더 좋은 마사지기를 찾을 거란 생각이 들었습니다. 중국 공장에서 샘플을 받아보고 경쟁사 상품과 비교한 후 소싱을 결정했습니다. 이렇게 1등 제품을 분석한 뒤 자신만의 인사이트로 대박 예감 상품 소싱에 도전해보세요.

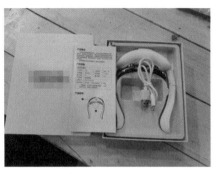 

왼쪽은 중국 공장에서 처음 받은 상품, 오른쪽은 본품을 제외하고 포장을 모두 바꾼 상품.

고급스러운 포장으로 업그레이드! 후발주자의 전략!

 하사장 대박 예감 - 3S 상품, 밀키트 틈새상품, DIY 부자재

3S 상품군 - Sex, Sports, Sliver

개인적 견해로는 앞으로 시장은 3S 상품군, 즉 Sex, Sports, Sliver가 잘될 거라 생각해요.

지속적으로 성장할 상품군

Sex 즉 성인 관련 상품은 음지에서 양지로 많이 나오고 있습니다. 예전에 쉬쉬하던 성인 숍에 요즘은 젊은 연인이 손잡고 들어가서 쇼핑을 하더군요. 문화가 바뀌었고 시장도 성장하고 있습니다.

Sports 시장 상품은 주로 아웃도어 제품이나 낚시 캠핑이 해당되겠지요. 코로나 이후 식을 줄모르고 계속 인기가 치솟고 있습니다.

마지막으로 Silver입니다. 우리나라도 일본처럼 초고령사회를 눈앞에 두고 있습니다. 어르신들을 위한 관련 상품을 관심 있게 찾아보아야 합니다.

지금 당장은 지팡이, 성인 기저귀를 머릿속에 떠올릴 거예요. 이참에 부모님께 드리면 좋겠다고 생각되는 제품들을 유심히 지켜보세요. 이런 제품들이 앞으로 시장에서 빛을 발하리라 믿습니다. 개인적으로 일본 실버 시장을 관심 있게 지켜보고 있습니다.

다음 사진은 어르신들이 화장실에서 편하게 앉아 샤워하거나 발을 씻을 때 사용 가능한 제품으로 지금 바로 사용해도 될 만한 제품입니다. 사용하지 않을 때는 접어서 벽에 붙여 놓으니 깔끔해서 정리하기도 좋습니다.

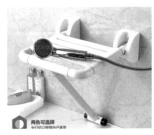

어르신들을 위한 화장실 의자

대세 밀키트 시장의 틈새상품 노리기

밀키트가 어느새 대세로 자리 잡았습니다. 후발 주자라면 밀키트의 틈새시장을 살펴보세요. 예를 한번 들어볼까요? 부대찌개를 사면 본재료부터 부재료까지 빠짐없이 다 있습니다. 소비자 입장에서 시식을 해보니 집에서 조리할 때 햄이나 기타 내용물이 조금 모자란다고 느꼈습니다. 그렇다면 햄 한 주먹에 1,000원, 양파 한 개에 1,000원, 이런 식으로 제품을 만들어서 시장을 개척하면 어떨까요?

혹시나 해서 검색해봤는데 검색 결과를 보니 이걸 원하는 소비 시장이 존재한다는 걸 확인할 수 있었어요. 각종 채소, 주재료인 햄, 곱창, 수산물, 육고기, 그리고 각종 소스와 양념, 육수 등을 구성해서 밀키트 조립 백화점으로 시장을 열어도 될 듯합니다.

후발주자들은 메인 시장의 틈새가 무엇인지 고민해 봐야 합니다.

부대찌개 후발주자는 밀키트 틈새시장을 노리고 시장을 공략하고 있습니다.

집콕러 공략, DIY 제품!
완제품 말고 부자재 시장을 공략하자!

집콕생활이 길어지면서 DIY 시장이 인기입니다. 선물박스, 키링, 단추 등 부자재에 대해서도 관심을 가져보세요. 부자재 시장도 엄청 큰 시장입니다. 얼마 전 뜨개실 관련 오프라인 매장을 하시는 사장님을 만났는데, 몇 가지 컨설팅을 해드렸더니 온라인에서 일 매출 100만원 가량 올라오는 것을 확인했습니다.

키링, 단추 등 부자재 판매 쇼핑몰

이분이 판매하는 제품은 이미 카테고리가 나와 있고 판매하는 제품에 대한 이해도가 높았습니다. 그래서 다른 곳에 신경 쓰지 말고 뜨개실 제품을 주력으로 하시라고 말씀드리고 광고하는 방법과 상세페이지 만드는 방법, 그리고 키워드 잡는 방법을 조언했더니 5주차에 매출이 발생했습니다. 이뿐 아니라 보석십자수라든지 단추 등 DIY시장도 무시 못 할 수준으로 성장하고 있으니 꼭 완제품만 고집하지 않으셔도 됩니다.

단발성 상품은 아닌가?

단발성 상품의 집결지. 이우시장 공장가를 확인해볼까요?(예 : 장난감)

겨울 초대박 상품 '오리 집게' 나도 뛰어들어야 하나?

올해 초 눈이 많이 온 날, 눈사람 오리 집게가 대히트를 쳤습니다. 한 스토어에 2만명이 몰릴 정도로 대박이 났죠. 오리 집게 열풍에 관한 뉴스가 나오고 바로 다음 날, '이거 지금 수입하면 언제 들어오나요?'라는 문의가 쏟아졌습니다. 그때 저는 모든 사람들에게 말했습니다.

"절대 하지 마세요!"

이유는 이렇습니다. 며칠 사이 전화 오는 사람이 너무 많았습니다. 다른 무역 대행업자들한테도 이런 문의가 쇄도할 텐데 이렇게 너도 나도 이 제품을 찾으면 시장 자체가 깨질

원가가 1,000원인 대박상품 오리 집게. 하지만 뒤늦게 소싱하면 자칫 큰 손해를 입을 수 있습니다.

우려가 크다고 봤어요. 한때 반짝한다고 다 팔다가는 결국 모두 불나방이 되어 버립니다.

인기 상품 재고는 쓰레기가 되기 쉽다?

실제 결과도 그랬습니다. 2~3주 지나니 뒤늦게 수입했던 제품들이 한국 세관에 몰려들기 시작했고, 물량이 많아지자 가격이 많이 떨어졌습니다. 원가가 1,000원, 소비자가 4,000~5,000원이었는데 1,900원까지 떨어졌어요.

그런데 여기서 잠깐! 이 제품이 봄에도 잘 팔릴까요? 당연히 아니겠죠? 다음 겨울이나 되어야 팔 수가 있고 게다가 눈이 많이 와야만 찾는 제품입니다. 이 모든 조건이 맞아 떨어지지 않으면 그 많은 재고는 다 쓰레기가 되는 셈이죠. 이런 상품은 계절성 상품 중에서도 급 반짝 상품입니다. 그래서 이런 상품은 권해드리지 않아요.

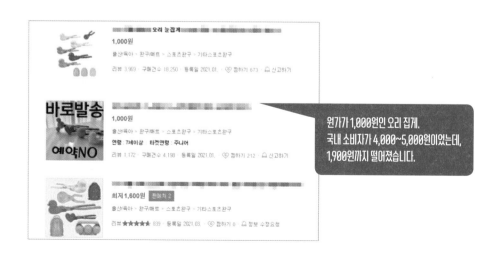

원가가 1,000원인 오리 집게.
국내 소비자가 4,000~5,000원이었는데,
1,900원까지 떨어졌습니다.

계절상품도 단발성이 아니라면 해 볼만!

반면에 스노우타이어 같은 제품은 완벽한 계절성 상품이라 할 수 있지만 오리 집게와 성질이 너무 다릅니다. 이런 상품은 때가 되면 꾸준히 찾는 상품이죠. 계절성 상품이라도 단발성은 아니므로 접근이 다릅니다. 이런 식으로 상품의 특성을 잘 알아야 합니다.

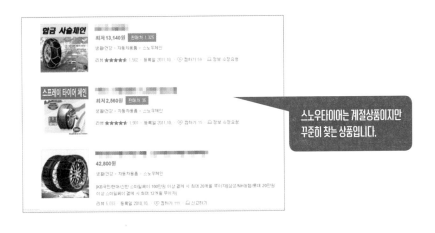

단발성 계절상품 취급 시 주의사항

한겨울에도 수영복을 찾는 사람이 늘어나는 추세입니다. 따뜻한 동남아 여행을 가거나 실내 워터파크 같은 곳에서 입기 위해서죠. SNS에 사진을 올려야 하는 2030 세대 덕분에 쏠쏠하게 판매가 이루어지고 있습니다. 한겨울에 사람들은 수영복을 어디서 살까요? 대다수 사람들은 인터넷으로 구매를 하겠지요. 충분히 승산이 있는 시장입니다.

하지만 계절성 상품을 소싱할 경우 올인은 절대 금물입니다. 내가 잘 알고 있고, 시장에서도 잘 팔릴 만한 제품으로 집중해야 합니다. 이런 계절성 상품은 시즌이 지나면 보관의 문제도 생깁니다. 창고에 공간만 차지하는 게 아니라 유행을 타거나 변질, 수명단축 등 여러 상황까지 감안해서 제품을 선택해야 합니다.

계절상품은 몰빵하지 말 것!
보관 문제도 고려할 것!

참고로 중국 이우시장에서는 365일 내내 할로윈, 크리스마스 제품만 파는 곳이 있습니다. 이런 곳은 1년에 단 한 번뿐인 그날을 위해서 1년 내내 생산합니다. 중국 이우시장에서 할로윈, 크리스마스 제품을 사오려면 한여름에 전에 사야 합니다. 그러지 않으면 나중에 늦어서 공급을 받을 수 없습니다.

중국 공장에서 6월 정도면 여름상품 오더가 끝난 상황입니다. 물론 1688이나 도매처에서는 소량의 물건이 있지만 큰 물량의 오더는 다 끝난 상황이라고 봐도 됩니다.

계절상품을 1년 내내 판매하는
중국 이우 도매시장

대중적인 필수품이거나, 원가 대비 2배수 마진은 되어야 판매 고려!

상품은 뭐니 뭐니 해도 가격이 중요하겠지요. 그래도 일단 너무 싼 제품은 전략적으로 접근하지 않는 게 좋습니다. 사은품 용도나 구색용 제품이나 미끼상품이 아니라면 말이지요. 하지만 가격이 싸다 하더라도 가정에서 하나씩 꼭 살 수밖에 없는 제품들은 예외가 되겠지요. 즉, 가족 수에 따라 필요한 테이블 매트나 영업장에서 쓰는 제품들 말이지요.

가격이 싸면 누구나 쉽게 진입이 가능하니 경쟁이 치열해질 수 있습니다. 어느 정도 마진이 있어야 광고도 하고 CS가 들어왔을 때 용기 있게 대처를 할 수 있는데, 단가 자체가 너무 낮으면 모든 것에 스트레스를 받게 됩니다. 적어도 원가 대비 2배수의 마진은 되어야 상품을 파는 판단이 서지 않을까요?

> 똑같은 제품인데 왜 가격이 쌀까요? 품질 문제가 생겨 클레임이 들어오지는 않을까요?

> 아이스박스가 추가된 상품. 이럴 경우 가격경쟁력을 확보할 수 있습니다.

아이스 박스 기능이 담겨 있는 백이 하나 추가로 되어 있더라구요

상품의 본질은 기능성!
안목을 더하면 대박 UP!

08

하사장 추천! 스마트스토어 소싱 추천 아이템을 확인해보세요.

키워드와 카피만으로 성공하기는 힘들다!

요즘 이커머스 시장은 좋은 키워드, 대형 · 중형 · 소형 키워드 이런 것에 목숨을 거는 것 같아요. 저도 가끔 참고는 하지만 상품의 본질은 기능성이란 것, 잊지 마세요. 소싱을 결정하기 전에 오프라인으로 샘플을 확인하고 원래의 기능에 충실한지 꼼꼼히 확인해야 합니다. 여기에 가격경쟁력, 디자인, 사이즈, 대중성, 판매연속성, 브랜딩 등의 요소가 덧입혀져 대박상품이 탄생하는 것이지요.

기능성은 기본, 차별화가 먹히면 대박!

다음 사진에 보이는 욕실 선반 제품은 기능은 기본이고 설치방법도 간단한 스티커 형입니다. 바닥을 들어 올려 설치하면 수건걸이로도 사용할 수 있는 특장점이 있습니다. 이렇게 기본에 충실하되 차별화된 다른 기능이 있으면 소비자의 주목을 받을 수 있습니다.

기능성은 기본, 설치방법과
추가기능으로 승부한 제품

아래 제품 역시 접시의 기능과 선반의 기능에 충실한 제품입니다. 하지만 2가지 기능성을 하나의 제품으로 합쳐서 차별화를 했습니다. 이런 제품은 조리 준비를 할 때 어지러운 싱크대를 깔끔하게 정리하면서 요리할 수 있게 도와줄수 있겠지요. 이처럼 일상생활의 불편함을 간단하고 편리하게 만들어주는 기능성이 제품을 계속 변형시키고 발전시키는 원동력입니다. 이런 지점을 감지하는 안목이 셀러에게 필요하지요.

접시의 기능과 선반의 기능을 하나로!
기능성은 기본, 차별화 성공!

업그레이드제품(폴딩 제품) 등장!
제품은 계속 발전합니다.

상품 보는 안목이 대박상품을 만든다

상품 보는 안목을 기르기 위해서는 시간 투자가 필요합니다. 우선 아래와 같이 관심이 가는 상품을 매일 몇 개씩이라도 보면서 장점, 단점, 특징, 가격, 재질, 유사제품 등을 기록해보세요.

이런 훈련을 꾸준히 하면 어느 순간 상품을 한번 보면 모든 정도가 한눈에 파악할 수 있는 수준으로 올라옵니다.

■ 상품의 특징 기록하기 ■

상품명		가격	
장점		재질	
단점		유사제품	
특징		기타	

하사장처럼 상품을 검색하고 소싱하기

상품 보는 안목을 키우기 위해 초심자 때부터 지금까지 제가 실천하고 있는 방법을 알려드릴게요. 오른쪽 '하사장의 상품찾기 10단계'를 한번 볼까요?

■ 하사장의 상품 찾기 10단계 ■

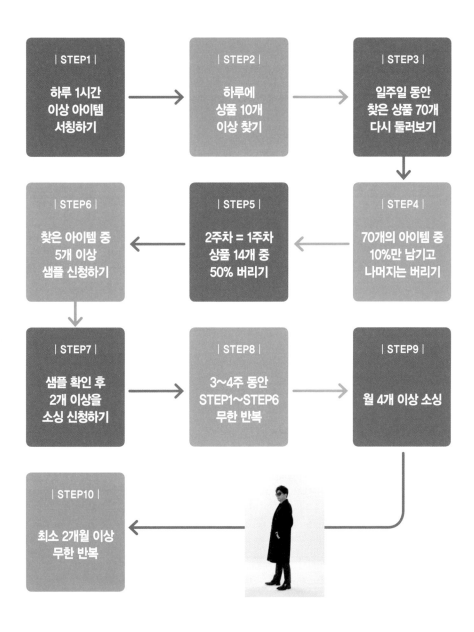

| STEP1 |
하루 1시간 이상 아이템 서칭하기

| STEP2 |
하루에 상품 10개 이상 찾기

| STEP3 |
일주일 동안 찾은 상품 70개 다시 둘러보기

| STEP4 |
70개의 아이템 중 10%만 남기고 나머지는 버리기

| STEP5 |
2주차 = 1주차 상품 14개 중 50% 버리기

| STEP6 |
찾은 아이템 중 5개 이상 샘플 신청하기

| STEP7 |
샘플 확인 후 2개 이상을 소싱 신청하기

| STEP8 |
3~4주 동안 STEP1~STEP6 무한 반복

| STEP9 |
월 4개 이상 소싱

| STEP10 |
최소 2개월 이상 무한 반복

저는 매일 아이템을 온라인(네이버, 알리바바, 1688, 타오바오 등)에서 검색합니다.◆
그중에서 팔 만한 상품을 추려서 샘플을 신청하지요. 그리고 최종 2개 이상 소싱
을 목표로 합니다. 약 한 달간 이렇게 상품 추리기를 반복하면서 월 4개 이상 소
싱합니다. 일이 잘 되든 안 되든 이 루틴은 쉰 적이 없어요. 이렇게 꾸준히 상품
을 검색하다보면 자연스레 안목이 트이게 됩니다.

상품만 봐도 원가, 특징, 마진까지 척척!

이런 과정을 거치면 상품만 봐도 매출과 마진이 자동으로 계산이 됩니다. 예
를 들어 신제품으로 실리콘 미끄럼 방지 고무장갑이 나왔다고 합시다. 그걸 시
중에서 1만원에 판매하고 있다고 한다면, 이런 생각을 할 수 있어야 합니다.

 아, 이건 중국 공장에서 바가지 씌우는 거네. 원가는 2,000원밖에 안 되는 걸 왜 1만원에 팔지?
아무리 신제품이라지만 좀 비싸네.

마침 중국 공장에서 해당 고무장갑이 생산되는 것을 보게 되었다면 이런 생
각이 더 구체화되는 것이지요. 재료는 어떤 게 들어가는지 원가는 대략 얼마가

◆　온라인에서 아이템을 검색하는 방법은 100쪽을 참고하세요. 소싱 과정까지 〈둘째마당〉에서 자세히 설명하도록 하겠습니다.

되는지, 마진은 얼마가 떨어질지 등 쉽게 추측이 가능해집니다. 이런 식의 훈련이 계속되면, 어떤 상품을 보더라도 자연스럽게 계산이 되고 내가 소싱할 가치가 있는 상품인지 아닌지 판단할 수 있습니다.

특허 관련 이슈 있는 제품인 실리콘 미끄럼 방지 고무장갑. 원가 2,000원인 제품이 시중에서는 1만원에 판매되고 있습니다.

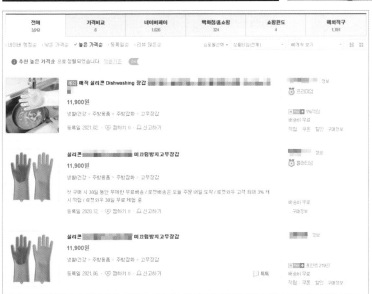

안목이 생기면 마케팅 전략도 자유자재!

아래 사진에 보이는 샤워기 고정 홀더를 보세요. 현재 판매가가 1만 2,000원인데 중국에서 소싱하면 원가는 200원도 안 합니다. 마진이 600배라면 못할 게 없겠죠?

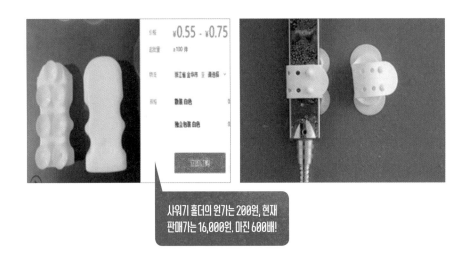

샤워기 홀더의 원가는 200원, 현재
판매가는 16,000원. 마진 600배!

특허*까지 확인해서 문제가 있는지 확인도 해보고, 문제가 없으면 소싱처를 물색하여 누구보다 빨리 국내 시장에 풀어버릴 수 있을 것입니다. 만약 특허가 걸린다면 대안으로 유사 아이템을 찾아보면 됩니다.

만약 이 상품이 이미 시장에 나와서 잘 팔리고 있다면 그대로 팔기보다 약간

◆   특허 관련 내용은 160쪽을 참고하세요.

업그레이드시켜서 판매하는 것도 좋습니다. 예를 들어 샤워기 헤드에 홀더를 아예 끼워서 새로운 상품으로 파는 식이지요. 상품 정보를 파악하고 있으면 다양한 아이디어가 흘러나올 것이고 곧바로 소싱처에 요청하여 포장을 바꾸든 추가 상품을 넣든 발 빠르게 움직일 수 있습니다.

이렇게 모든 과정이 머릿속에 그려지려면 상품 보는 안목부터 키워야 합니다. 그러면 다양한 판매 전략을 세울 수 있습니다.

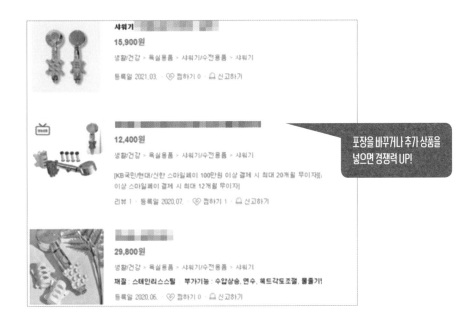

073

백만불짜리
해외소싱처를 찾아라!

좋은 소싱처를 확인하는 4가지 기준 09

여러분이 만나는 소싱처는 공장일 수도 있고 도매상일 수도 있습니다. 결국 어떤 소싱처를 만나느냐에 따라 사업의 방향이 갈립니다.

좋은 소싱처의 기준은 크게 ① 상품, ② CS, ③ 가격, ④ 포장 이렇게 4가지입니다. 순서대로 설명해보겠습니다.

1 | 상품 : 퀄리티가 믿을 만한가?

다른 조건이 동일하다면 당연히 품질이 최우선이 되어야 합니다. 오프라인 시장을 둘러보면 같은 상품이 이 집에도 있고 저 집에도 있습니다. 하지만 자세히 보면 조금씩 다릅니다. 제대로 만들어진 상품을 제공하는 곳이 가장 좋은 소싱처입니다. 겉으로 얼핏 봤을 땐 확인이 어려우니 결국 셀러가 눈으로 확인해야 합니다. 해당 상품에 대한 전문성과 눈썰미를 갖출수록 좋겠지요.

2 | CS : 문제가 생겼을 때 대응이 가능한가?

상품에 문제가 생겼을 때 소싱처의 대응 방식은 크게 2가지입니다.
'그래서 어쩌라고?' vs '그럼, 어떻게 하면 좋겠는가?'
당연히 후자처럼 함께 걱정해주는 태도를 가진 소싱처가 좋은 곳이겠지요. 꾸준히 믿고 거래할 소싱처라면 CS 대응을 어떻게 할지 확인하는 게 중요합니다.

3 | 가격 : 남들보다 경쟁력을 확보하였는가?

제품 가격은 당장 싸다고 좋은 게 절대 아닙니다. 장사가 잘되고 소싱할 개수가 많아지면 나중에 가격협상은 얼마든지 가능합니다. 셀러가 상품 보는 눈이 있다면, 타깃 단가라는 것이 있을 것이고, 그 단가 범위 안에만 들어온다면 소싱을 진행하면 되는 거예요. 타깃 단가 안에만 들어오면 사실상 가격은 후순위입니다. 가격은 품질과 CS를 함께 고려해서 결정을 내려야 하는 문제입니다. 조금 비싸더라도 믿을 수 있는 업체가 우선이 되어야 해요.

4 | 포장 : 셀러에 맞는 서비스를 제공하는가?

마지막 기준은 포장입니다. 여러 소싱처에서 같은 제품을 같은 가격으로 제시했다고 하지만 한국에서 받아볼 때 포장 상태는 저마다 다를 수 있습니다. 포장 역시 돈입니다. 따라서 소싱처 선택에 있어 고려해야 할 요소 중 하나입니다.

A업체는 2,000원에 벌크제품◆을 수입했고 B업체는 개별 종이박스 포장으로 2,200원에 수입했다고 가정해봅시다. 여기서 우리는 포장비를 염두에 두고 벌크제품을 수입할지 개별 포장제품을 수입할지 결정해야 합니다.

좋은 소싱처는 셀러의 고민을 덜기 위해 처음부터 포장비용을 별도로 책정해 A업체처럼 수입할 때는 얼마, B업체처럼 수입할 때는 얼마, 이렇게 나누어 견적을 내줍니다.

참고로 모든 상품이 포장이 필요한 건 아닙니다. 예를 들어 플라스틱 바구니는 포개어 수입하면 부피가 줄어 물류비용이 훨씬 적게 들 것입니다. 이런 제품은 그냥 포개어서 벌크로 들여온 다음 한국에서 따로 포장박스를 제작하거나 소싱처에 부탁해서 포장박스를 따로 받는 방법도 생각해볼 필요가 있습니다.

결국 포장은 가격이 올라가면 당연히 좋아집니다. 하지만 물건에 따라 포장을 어떻게 하는 게 가격경쟁력이 있을지 고민해봐야겠지요. 이걸 맞춰줄 수 있는 소싱처가 좋은 곳입니다.

셀러의 요구에 따라 포장 서비스를 다양하게 제공하는 소싱처가 좋은 곳입니다!

◆　**벌크제품** : 낱개 포장이 아닌 여러 개 묶음으로 한 박스에 담아서 판매하는 제품을 말해요.

나에게 맞는 소싱처는?

제조사(공장) vs 도매상

소싱처는 크게 2가지로 나뉜다

셀러는 2개의 눈이 필요합니다. 하나는 좋은 소싱처를 고르는 눈이고, 또 하나는 좋은 상품을 고르는 눈입니다. 물론 둘 다 가져야 합니다.

소싱처라고 다 같지 않아요. 여러분에게 맞는 소싱처는 제조사(공장)일 수도 있고, 도매상일 수도 있습니다. 소싱처의 구분에 따라 거래 방식도 조금씩 달라집니다. 소싱처를 여러 군데 돌면서 나에게 맞는 곳을 찾아야 합니다.

제조사(공장)의 장단점은?

일단 제조사(공장) 장점은 가격적인 면이 메리트가 가장 큽니다. 그리고 주문

제작이 가능하고 문제점을 곧바로 해결할 수 있다는 장점이 있어요. 하지만 공장이라고 믿고 주문했는데 구멍가게 수준의 공장일 수도 있습니다. 생산량이나 제품의 품질도 잘 체크해야 하고요.

그 밖에 조심해야 할 점은 MOQ* 즉, 최소 주문 단위가 대량이어서 여러 제약조건이 따른다는 것입니다. 대량으로 구매해서 가격적인 면은 분명히 메리트가 있겠지만 제품이 잘 팔리지 않을 경우 셀러가 재고를 떠안게 되고 오히려 리스크가 될 수 있으니 주의해야 합니다.

제조사의 강점은?
가격경쟁력 우위, 주문 제작 가능!
제조사의 단점은?
최소 구매단위가 높은 것!

도매상의 장단점은?

중국의 도매상은 다양한 제품을 취급한다는 장점이 있습니다. 그리고 제조사(공장)보다는 중국 특유의 문화인 '꽌시'를 활용하기 쉽습니다. 도매상과의 인

◆　　**MOQ** : 최소 발주 수량(Minimum Order Qunatity) 즉, 최소 주문 단위를 말합니다.

연이 의도치 않게 다른 제품, 다른 사업으로 연결이 될 수 있습니다. 특히 시간이 쌓이고 관계가 끈끈해질수록 거래가 편해진다는 장점이 있습니다. 반면 제조사(공장)는 보통 단일 제품만 생산하기 때문에 꽌시를 활용하기에는 아무래도 한정적일 수밖에 없어요.

도매상의 단점은 아무래도 제조사가 아니고 유통단계를 거치기 때문에 가격 경쟁력이 떨어집니다. 그리고 제품의 스펙을 변경하거나 문제가 발생할 때 대응 방식이 아무래도 제조사(공장)보다 떨어질 수밖에 없겠지요.

도매상의 강점은? 꽌시 가능!
도매상의 단점은? 제조사보다
가격경쟁력은 떨어짐, 제품 변경 시 불리!

초보 셀러는 둘 다 경험해보는 것을 추천!

초보 셀러는, 제조사(공장), 도매상 모두와 거래를 해보는 것이 좋습니다. 소싱처마다의 특성을 알아야 하기 때문이지요. 이들과 거래하면서 내가 취급하려는 제품의 성격에 맞는 곳을 찾아야 합니다. 하지만 아무래도 나중에 사업 확장을 염두에 두고서라도 결국 공장과 직거래하는 것이 더 좋겠죠. 하지만 공장도 공장 나름이므로 직접 방문하는 게 좋습니다. 공장 사장과 직접 약속을 잡고 공장 구경을 해보세요. 차나 식사를 함께하며 관계를 쌓아나가는 것도 도움이 됩니다.

중국 도매상 친구들과 끈끈한 인연으로 좋은 제품을 소개받을 수 있었어요.

중국 도매상 친구의 딸 결혼식에 참석한 사진

중국인들은 함께 모이는 것을 좋아해요. 이렇게 몇번 만나면서 자연스럽게 비즈니스로 연결!

Tip

중국의 '꽌시'를 이해하면 소싱처 확보에 유리!

중국 소싱처와 관계를 맺을 때 '꽌시' 문화를 이해하면 좋습니다. 중국에서는 '관계'에 단계가 있습니다. 그냥 아는 사람, 잘 아는 사람, 형님 · 동생, 내 사람 등. 중국에서 말하는 꽌시가 성립되려면 '형님 · 동생' 정도는 되어야겠네요.

부산 사람들이 말하는 '우리가 남이가' 이것보다 더 큰 의미로 이해하면 쉽습니다. 한국도 과거 '지연, 학연, 혈연'이 큰 영향을 발휘했듯이 중국에서도 꽌시 영향은 엄청납니다. 불가능해보였던 일도 꽌시로 해결되는 경우가 종종 있으니까요

제조사(공장)든 도매상이든 중국 소싱처의 대표와 꽌시를 맺도록 노력해보세요. 그래야 서로 믿고 거래할 수 있고, 많은 것들을 해결할 수 있어요.

중국의 꽌시 문화

- 그냥 아는 사람
- 잘 아는 사람
- 형님·동생, 절친
- 가족, 내 사람

모르는 사람

여담으로 중국 소싱처와 저녁 회식을 잡으면 갑자기 열댓명이 우르르 몰려오는 경우가 많습니다. 중국인들은 함께 모이는 것을 좋아합니다. 사장이 위세를 보여주기 위해서일 수도 있고. 이렇게 몇번 만나다보면 자연스레 비즈니스로 연결이 됩니다. 이런 식으로 계속해서 연결되고 또 연결되면서 자연스레 '꽌시'가 형성되지요. 신제품이 나오면 누구보다 먼저 정보를 알려주지요. 급작스럽게 생기는 CS도 자연스럽게 해결됩니다.

저는 사실 중국어를 잘 못합니다. 하지만 중국인 친구들이 많아요. 제가 술자리나 사람을 좋아해서 쉽게 친구가 되었을 수도 있겠지요. 이 친구들이 중국판 카카오톡인 '위챗'에 등록되어 있는데, 한번은 중국 칭다오를 여행할 때 문제가 생겼는데 가이드도 처리하지 못한 일을 위챗을 통해 해결한 적이 있습니다. 저는 지금도 사람이 재산이라 생각하고 있습니다. 특히 중국 사람들은 더 그러하니 염두에 두시길 바랍니다.

캔톤페어 박람회 현장과 아이템 발굴법을 동영상으로 살펴보세요.

중국 소싱처는 크게 제조사(공장)와 도매상으로 나뉜다고 했습니다. 초보 셀러가 소싱처를 찾기 위해 무작정 중국 전역을 떠돌 수는 없는 노릇입니다. 따라서 이들이 한꺼번에 모인 곳, 딱 3군데만 찾아가면 됩니다. 그곳은 바로 ① 캔톤페어(박람회), ② 이우시장(한국 소비재 90% 수입), ③ 광저우 도매시장입니다. 순서대로 차근차근 살펴보겠습니다.

광저우 캔톤페어 - 트렌드 파악에 최고!

광저우는 홍콩 근처에 있는 중국의 큰 도시입니다. 인천에서 매일 비행기가 뜰 정도로 한국 분들이 많이 가는 곳입니다. 일단 비행기에서 내리면 한식당이 많은 '웬징루'로 가자고 하세요. 택시비는 공항에서 100위안(미터기 켜면 70위안) 정도 합니다. 웬징루 남메이호텔 앞에서 전시장 가자고 대충 말하면 됩니다. 저는 여기서 식사를 하고 캔톤페어로 이동하곤 합니다.

광저우 캔톤페어는 1957년부터 시작된 60년 역사의 국제무역박람회입니다. 취급 품목이 다양해요. 일반적인 공산품들, 가정용품, 의류, 음식, 기구 등 없는 것 빼고 다 있습니다.

캔톤페어에서 내로라하는 제조사(공장)와 도매상들이 몰려들어 부스를 열기 때문에 트렌드를 파악하는 데 가장 좋습니다. 한 번 갔다 오면 상품 보는 안목이 높아집니다. 캔톤페어는 총 3주간 봄, 가을로 열립니다. 코로나 이후에는 온라인으로 진행을 했지만 곧 오프라인으로 박람회를 개최할 것입니다.

60년 넘게 개최되어온 국제무역박람회. 소싱처들이 모여 부스를 열기에 트렌드 파악에 최고!

봄, 가을 총 3주간 열리는 캔톤페어

봄, 가을 총 3주간 열리는 캔톤페어 박람회의 취급 상품은 다음과 같습니다.

- **1주차** | 공구, 하드웨어, 건축자재, 기계
- **2주차** | 소비재, 주방용품, 생활용품, 가정용품, 시계, 장난감, 선물용품, 홈가구, 데코레이션, 유리제품
- **3주차** | 의류, 패션, 신발, 식음료

이메일 사전등록 추천, 동선을 짜고 이동하는 게 효율적!

캔톤페어 홈페이지에 사전등록을 하면 입장료 100위안이 면제됩니다. 이때 함께 제공되는 비즈니스 카드(표찰)는 영구적으로 쓸 수 있습니다. 비즈니스 카드를 버리면 다음에 갈 때 200위안을 내야 하니 잘 보관해두세요. 비즈니스 카드에 들어갈 증명사진은 한국에서 따로 가져가면 좋습니다. 현장에서 찍으려면 30~50위안을 줘야 합니다.

입장 시 작성하는 비즈니스 카드는 따로 만들지 말고 영문 명함을 끼워 넣으면 됩니다. 아예 명함 만들 때 뒷면에 영문과 위챗 QR코드를 함께 만들면 좋겠지요. ◆

캔톤페어 홈페이지 회원가입 화면
www.cantonfair.org.cn/zh

캔톤페어 박람회에 사전등록하면 100위안이 면제!
증명사진은 한국에서 챙겨 가면 비용을 절약할 수 있어요.

캔톤페어에 가면 가장 먼저 지도를 챙겨보시길 바랍니다. 캔톤페어 위치는 크게 A, B, C로 나뉘어 있습니다. 박람회 규모는 일산 킨텍스의 50배 크기입니

◆   위챗 가입 설명은 126쪽을 참고하세요.

다. 미리 계획을 세우지 않고 아무 생각 없이 돌아다니면 건질 게 없다는 것 명심하세요.

각 구역별로(A구 1층 1번 홀은 가구, 1층 2번 홀은 유리제품 등 하나의 홀이 킨텍스 하나 수준) 내가 먼저 봐야 할 곳부터 체크하고, 전체적인 동선을 짜야 합니다. 다 본 곳은 지도에 ×표시해서 지워야 헷갈리지 않아요. 볼만한 곳을 다 봤다 싶으면, 다음 우선순위, 관심 있는 곳을 추가로 지정해서 보면 됩니다. 신제품을 전시하는 경우 간혹 사진 촬영이 안 되는 곳도 있어요. 개인적으로 못 알아듣는 척 하고 찍기도 하는데요, 현장에서 사진을 찍었다고 지우라고 하지는 않습니다.

캔톤페어 구역별 설명지도

제조업체(공장), 도매상 명함을 챙길 것!

캔톤페어를 둘러볼 때 부스별로 마음에 드는 업체의 명함을 꼭 챙기세요. 아울러 기록을 남기거나 저장해놔야 쓸모가 있습니다. 제품에 대한 설명(사이즈, 딜리버리, MOQ, 가격, 포장 등)과 질문사항들을 빼곡히 메모해보세요. 이걸 토대로 한국에서 다시 시장조사를 할 수 있습니다.

간혹 박람회장에서 무턱대고 주문하는 경우가 있는데, 한국에 돌아와 시장조사를 한 후 주문해도 늦지 않으니 서두르지 마세요. 거래하고 싶은 부스에 여러분 명함도 남겨야 하니까 가급적 명함을 많이 들고 가야 합니다.

캔톤페어 부스 운영비가 4일 동안 6만위안(1,000만원) 정도 됩니다. 참가 업체는 이 비용을 빼기 위해서 박람회 운영기간 동안 초기엔 상품 가격을 조금 올렸다가, 박람회 끝난 후에 가격 네고를 해주기도 합니다.

하지만 정말 거래하고 싶은 제품 있으면 발 빠르게 움직이세요. 간혹 에이전시가 중간에 있어서 연락을 할 수 없다는 업체도 있습니다. 하지만 결국 장사는 사람이 하는 것이니, 뜻이 있으면 언제든 돌파구는 있기 마련이지요.

참고로 식사를 할 곳이 사실 마땅치 않아요. 그래서 저는 맥도날드에서 주로 해결합니다. A구 지하 1층에 있습니다.

캔톤페어 부스 배치 현황

부스별로 기록한 노트. 명함도 붙여 두세요. 주문은 한국에 와서 해도 충분!

이우시장

이우시장에서 발로 뛰며 액세서리 시장조사를 했으니 동영상을 확인해보세요.

이우시장(푸톈시장)이란?

이우시장은 절강성 진화시의 부속도시입니다. 이우공항은 국제공항이 아니라 국내공항이라서 인근 국제공항(주로 항저우공항, 상해푸동공항)에서 접근해 들어가야 합니다.

개인적으로 가장 선호하는 코스는 항저우공항에 내려서 이우시장으로 들어가는 방법입니다. 항저우는 알리바바와 1688의 본사가 있는 도시이기도 하지요.

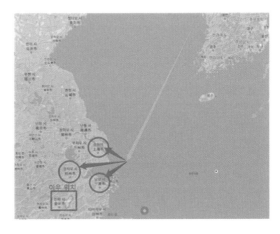

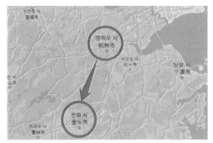

항저우공항에서 이우시장 들어가기 　　　　　항저우 소재 샤오산국제공항

　항저우공항에서 이우시장으로 가는 법, 상해푸동공항에서 이우시장으로 가는 법, 그 밖의 이우시장 가는 법을 아래 링크에 자세히 설명했으니 참고하길 바랍니다.

▶ 항저우공항 → 이우시장 가는 법
▶ 상해푸동공항 → 이우시장 가는 법

대한민국 공산품 90%는 이우시장에서 들여온다?

　'이우에 없으면 세상에 없다'라는 말도 있습니다. 대한민국 공산품의 대부분은 여기서 들어온다고 해도 과언이 아닙니다. 인터넷에서 못 찾은 물건도 대행업체에 사진 한 장만 보내면 금세 찾을 수 있습니다. 이우는 상하이에서 차로 4~5시간, 항저우에서는 2시간 정도 걸립니다.

　에어부산 노선 중 닝보(도시 이름, 해안가)까지 가는 게 있는데 거기서 2시간 반 정도 차로 걸려요. 참고로 닝보는 신규 공장이 생기면서 나날이 발전하고 있습니다. 새로운 소싱처로 개발 가능성이 있으니 여러분도 꾸준히 관심을 가지셔야 합니다. 이곳도 한국인 거리가 있어요.(동주화원, 강남사구, 텐청 등) 한식당도 많지요.

이우에 없는 물건은 세상에 없습니다!

이우시장은 1~5기로 구성되며 각 기별로 4층까지 있습니다. 처음 방문하신 분들이 보면 그냥 다 좋아 보이고, 가격도 싸 보일 거예요. 그래서 이것저것 사들일 수 있는데, 조심해야 합니다. 여기서도 소싱처 명함만 가지고 오고 물건은 따로 사지 마세요. 한국에 돌아와서 최종 확인을 한 후 그다음에 주문해도 충분합니다. 대행사를 이용하면 보다 편리하게 샘플을 받아볼 수 있어요. ♦

이우시장은 없는 게 없습니다. 구석구석이 미술시장, 유리시장이에요. 도시 전체가 도매시장이니 관심 있는 분들은 가이드를 통해서 미리 알아보거나, 인터넷에서 미리 정보를 찾아보세요.

1~5기로 구성된 이우시장 안내도

♦ **대행사 이용법** : 시장에서 제품을 주문하고 선금을 일부 입금한 후 영수증과 제품 정보 결제 정보 등을 대행사에 알려주면 제품을 모아 한국으로 보내줍니다.

소싱처 찾기 ③

광저우 도매시장

13

하사장이 발로 뛰며 확보한 광저우 도매시장 리스트 다운로드 링크입니다. 비밀번호는 쿠폰에 있습니다.

상시 오픈, 이우시장보다 양질의 상품 보유!

광저우는 중국 제1의 무역도시로 캔톤페어가 열리는 곳이기도 해요. 박람회로도 유명하지만 상시 오픈 중인 도매시장으로도 유명합니다.

이우시장은 다품종 소규모 상품이 대부분인 데 반해 광저우는 대규모 무역에 특화된 느낌이지요. 똑같은 제품이라 해도 광저우 쪽 상품 질이 좀 더 좋습니다. 주변에는 동관이나 심천 등 인프라가 잘 구축된 도시가 포진해 있습니다.

광저우 도매시장은 국내 화곡동·남대문·방산 시장처럼 테마별로 시장이 나뉩니다. 따라서 테마별로 어떤 시장을 공략할지 정보를 알고 가는 게 도움이 됩니다.

물론 광저우도 소량 제품을 판매하는 곳이 있어요. 발품을 많이 팔아서 제품 정보를 많이 가져올수록 좋겠지요. 명함 챙기는 것 잊지 마시고요. 광저우는 중국 춘절 외에는 거의 상시 오픈이라 언제든 방문하는 데 제약은 없습니다.

▶ 중국 제1 무역도시

▶ 무역 특화도시, 고품질 상품 구성

▶ 다양한 전문 시장 확보

▶ 춘절을 제외하고 상시 운영

아래는 광저우 근처의 고진이라는 작은 동네입니다. 이곳에는 백화점 크기의 조명 도매 건물이 수두룩합니다. 동네 전체가 조명가게인 셈이죠.

광저우 근처 고진은 동네 전체가 조명가게

동대문 의류 사장님들의 핫플레이스, 짝퉁시장은 패스!

광저우에는 없는 게 없습니다. 심지어 짝퉁시장도 있는데, 여기에 맛을 들이는 순간 안 좋은 길로 빠질 수 있으니 그냥 지나치시기 바랍니다. 밤에 광저우 사람 셋을 만나면, 1명은 의류, 1명은 무역, 1명은 짝퉁 판매상이라 합니다. 그만큼 짝퉁시장이 크고 활성화되어 있으니 그냥 이런 게 있구나 정도 아시면 됩니다. 집착하고 빠지는 순간 박람회나 도매시장보다 짝퉁시장이 더 가고 싶어질 테니까요.

교통편을 살펴보면 이우보다는 조금 더 비쌉니다.(항공기는 이우보다 20만원 비쌈) 민박은 200위안 전후고요. 우리나라 패션 의류는 거의 다 광저우 도매시장 쪽에서 나옵니다. 동대문 도매시장 사장님들이 매달 몇번씩 가더라고요. 의류는 '검수'가 가장 중요하지요. 돈을 주면 현지 물류대행사에서 검수와 뒤처리(박음질 등)를 다 해줍니다. 이러면 비용은 좀 들지만 투자할수록 불량률을 줄일 수 있습니다.

광저우의 다양한 도매시장

광저우 옷 도매시장. 우리나라 옷 대부분 이곳에서 소싱!

Tip 하사장의 광저우 도매시장 리스트 대방출

광저우 도매시장에 처음 간 사람들은 웅장한 규모에 놀라고 어디서부터 볼지 몰라서 헤매기 일쑤입니다. 발길 닿는 대로 간다고 될 일은 아닙니다. 여러분이 알아두면 좋을 광저우 도매시장 리스트를 공유할게요. 이곳만 챙겨서 방문해도 수준급의 소싱처를 확보할 수 있을 거예요. 이 정보들은 네이버 물주 카페(물주스터디 → 오프라인 스터디 → 도서 구매자 선물 쿠폰2) 게시물에 올려드립니다. 다운로드 받아서 활용해보세요. 광저우 도매시장은 이우와 다르게 시장이 떨어져 있으니 가이드와 동행하시는 것을 추천합니다.

물주카페 → 물주스터디 클릭 → 오프라인 스터디 클릭 → 도서 구매자 선물쿠폰 2 게시물 → 도움 되는 소싱처 리스트.xls를 다운로드 받으면 광저우 도매시장 리스트를 확인할 수 있습니다.

중국 거래처와 소통할 때 꼭 필요한 중국어를 정리했습니다. 위챗 소통 시 활용하세요.

중국 시장조사는 기록을 남기는 게 힘!

캔톤페어, 이우시장, 광저우시장 등 오프라인 시장을 돌아다닐 때는 꼭 메모하는 습관을 들이세요. 중국 현지에서 제품을 볼 때는 무조건 대박이 날 것 같습니다. 하지만 한국에 오면 그 열정이 많이 식어버리죠. 꼭 구체적인 것들을 사진에 담고 기록해야 합니다.

그리고 가능하면 주문은 한국에 돌아와서 하고 현지에서 이거 아니면 안 되겠다는 제품만 하세요. 소싱을 해야겠다고 생각했으면 중국에 가기 전 포워딩업체와 대행업체를 알아봐야 합니다. 현지에서 바로 주문하고 영수증과 계약금을 준 서류를 포워딩업체나 대행업체◆에 제품의 정보와 함께 주세요. 설명도 추가

◆　포워딩업체는 운송과 관련한 제반 업체를 화주를 대신하여 처리합니다. 대행업체는 저희 회사 '물주'와 같이 수입, 인증, 통관 등을 대행해주는 업체입니다. 포워딩업체, 대행업체 관련 자세한 설명은 193쪽을 참고하세요.

로 들을 수 있고 다른 제품도 받을 수 있습니다.

중국 현지 포워딩업체(운송 전담)

중국 대행업체 주식회사 물주(수입, 인증, 통관 전담)

알토란 시장정보는 현장에 있다!

참고로, 저는 중국을 갈 때마다 크든 작든 성과는 있었습니다. 시장조사한 제품 사진을 중국 거래처에 보내주기만 했는데 물건을 찾아주고 판매도 개시하여 본전을 바로 뽑았습니다. 오프라인 시장을 돌면 매일매일 새로운 정보를 접하기에 틈날 때마다 자주 가면 좋습니다.

예전에 선배들은 1개월 중 보름을 중국 현지에서 살았습니다. 제품 제작도 챙기고 샘플도 구하러 다니고 물건을 챙겨 보낸 후 나머지 보름은 한국에서 거래처 관리하고 영업하러 다니는 식이었지요. 요즘은 인터넷이 발달해서 접근성이 확실히 좋아졌습니다. 그러니 믿을 만한 업체를 잘 선별만 하면 됩니다. 하지만 남들과 차별화된 정보는 오프라인에 있지요. 그래서 PC를 끄고 밖으로 나오란 이야기를 자꾸 하게 됩니다.

이우시장 → 광저우시장 → 도시별 특화 시장으로 세분화

내가 어떤 제품을 취급해야겠다고 작정하고 공부하다보면, 중국에서 제품이 어디서 나오는지를 찾아낼 수 있습니다. 카테고리별로 특성화된 도시들도 있고요. 심천 같은 도시는 전자제품의 메카이고 고진은 조명의 도시라 할 수 있습니다. 이렇듯 시작은 이우시장에서 → 확장은 광저우시장에서 → 전문성은 각 도시별 특화 시장에서 해결한다고 생각하면 됩니다. 박람회도 해당 도시에서 각각 열리게 되니 관심이 있는 상품이 있다면 파고들어야지요.

거래처와 만날 때 주의할 점

현장에서 명함을 주고받고 견적서 · 제안서를 보내달라고 하면, 당시는 알았다고 말은 하지만 실제로는 10%도 안 보내줍니다. 정말 관심 있는 제품이라면 그 자리에서 모든 것을 다 알고 와야 합니다. 나중에 샘플을 받으려 해도 못 받아요. 그렇지만 모두들 바쁜 상황이기 때문에 다그치거나 귀찮게 해서는 안 됩니다. 가급적 피해를 주지 않는 선에서 컨택하는 게 좋습니다.

처음 간 사람은 중국을 잘 모르니까 말이 통하는 한국인이나 조선족에게 기대고 싶은 마음이 생겨요. 그걸 알고 같은 한국인끼리 사기를 치는 경우도 종종 봤습니다. 그래서 저는 조선족 커뮤니티를 소개시켜드리고 싶어도 잘 안 해드려요. 사고가 빈번해서 정말 조심스럽습니다. 특히 통역하면서도 숫자 가지고 장난치거나 하는 경우가 많았습니다. 모든 거래는 계속 확인하고 점검해야 합니다.

Tip 중국 사람들과 소통할 때 꼭 필요한 중국어

중국의 거래처 사람들과 소통할 때 자주 쓰는 중국어를 정리해두었습니다. 물주카페에서 확인하면 됩니다. 96쪽 QR코드를 찍어 들어오세요. 일반적으로 번역기를 돌려도 되겠지만 알리왕왕이나 위챗으로 채팅*할 때 옆에 띄워두고 복사해서 사용하면 좋을 거예요.

물주카페에 다양한 정보가 올라와 있으니 활용하세요.
cafe.naver.com/factorychina2020/3854

텍스트를 복사해서 채팅하세요.

◆ 알리왕왕 채팅 내용은 122쪽, 위챗 채팅 내용은 126쪽을 참고하세요.

온라인 소싱처 찾기①

1688 활용

중국 온라인 기반의 대표적 소싱처는 1688, 알리바바, 타오바오 VVIC 등입니다. 그리고 중국 현지 유명 도매시장인 이우시장을 그대로 온라인에 옮겨놓은 '이우고' 사이트도 있으니 제품을 찾을 때 참고하세요.

1688에서 싸고 좋은 상품 검색 가능!

1688(www.1688.com)◆은 눈썰미만 있다면 좋은 제품을 싸게 받을 수 있는 곳입니다. 모바일 버전을 다운로드 받고 싶다면 1688에 들어간 후 왼쪽 상단

◆ 1688과 알리바바의 모태는 하나입니다. 알리바바는 무역 특화 사이트이고 1688은 중국 내수용 도매 사이트입니다. 가격은 1688 이 저렴하지만 아무래도 원산지 표시나 품질은 꼼꼼히 챙겨봐야 합니다. 알리바바 관련 내용은 119쪽을 참고하세요.

🖵 手机阿里 버튼을 클릭한 후 나타나는 화면에서 QR 인증 후 다운로드 받아야 합니다. 중국은 구글 플레이스토어가 되지 않으니 참고하세요. 다운로드를 받았다면 회원가입도 해보세요.

크롬 번역 활용하면 중국어 몰라도 검색 가능!

1688에서 중국 소싱처를 검색할 때는 크롬 번역기능을 활용해보세요. 상단 검색창에 사진으로 검색하는 기능과 키워드로 검색하는 기능을 활용하면 원하는 상품을 쉽게 찾을 수 있습니다.

상품검색을 할 때 가장 많이 찾는 카테고리는 상단의 '제품, 공장, 자재' 항목

모바일에서도 1688 가능!

모바일 버전으로 들어가려면 구글에서 '1688.com' 검색, 다운로드 후 상단의 立即打开 를 클릭해서 들어갑니다. 중국 핸드폰 번호 없어도 가입이 됩니다. 한국 핸드폰 번호를 넣으면 확인 문자가 옵니다. 유튜브에서 '1688회원가입'으로 검색하면 많이 나오니 참고하세요.

❶ 개인회원 가입 : 1688(www.1688.com)에 들어가 상단의 '무료회원' 아이콘을 클릭합니다. '기업회원'과 '개인회원' 항목이 뜹니다.

❷ 회원정보 입력 : '개인회원'을 클릭하면 사용자 동의 화면이 뜨는데 동의 버튼을 눌러 넘어간 후 회원정보를 입력합니다. 연락처에 핸드폰 번호를 넣을 때 한국의 경우 국가번호 82를 선택하고 앞자리 0을 뺀 나머지 번호를 입력합니다. 동의 버튼을 누르세요.

③ **가입완료** : 핸드폰으로 전송된 인증번호를 입력하라는 창이 뜹니다. 동의 버튼을 누르면 가입이 완료됩니다.

④ **로그인하기** : 가입된 아이디로 로그인을 해볼까요?

⑤ 다음에 나타난 화면에서 따로 기입할 필요는 없습니다. 무시하고 넘어가세요. 그러면 가입된 상태로 화면이 전환됩니다.

1688과 타오바오는 아이디 공유가 가능합니다.

1688에서 고무장갑 공장 찾기(feat. 저장성, 50인 이하, 1회용 장갑)

❶ 검색어 번역하기 : 1688에서 '공장' 카테고리는 사진 검색 기능을 완벽하게 지원하고 있지 않으므로 키워드를 사용해야 합니다. 따라서 '고무장갑' 공장을 찾고 싶다면 네이버 파파고나 구글 번역기를 활용하여 중국어로 변환한 후 넣으면 됩니다. 아래 화면은 구글 번역기에서 '고무장갑'을 한글로 입력한 후 중국어로 바꾼 사례입니다.

❷ 검색창에 중국어 넣기 : '공장' 카테고리에 들어간 후 복사한 '고무장갑' 중국어를 검색창에 넣어보세요. 고무장갑을 생산하는 공장이 나옵니다.

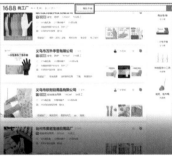

❸ 조건 검색하기 1 : 상단의 조건검색을 활용하면 지역·생산력·서비스·특성별로 공장을 찾을 수 있습니다.

❹ 조건 검색하기 2 : 그 밖의 검색방법은 '카테고리로 찾는 법'과 '아이콘으로 찾는 법'이 있습니다. 카테고리 검색은 우리에게도 익숙하지요. 아이콘으로 찾는 방법은 자주 사용하지 않으므로 패스하면 됩니다.

우리에게도 익숙한 카테고리 검색 화면   아이콘 검색 화면

참고로 중국은 라이브커머스가 활발합니다. 하지만 중국어로 진행되므로 분위기만 보면 될 것 같아요. 최근 국내에서도 라이브커머스에 대한 관심이 늘고 있는 추세입니다. 관심이 있다면 한번 살펴보세요.

실습 네이버 판매 제품의 중국 공장가는 얼마일까?

❶ **검색 상품 캡처** : 네이버에서 판매중인 샐러드 계량식기가 눈에 들어왔습니다. 이 제품을 직접 중국 공장에서 소싱하면 얼마가 될지 알아볼까요? 먼저 네이버에서 해당 제품의 사진을 캡처 해보세요. 그런 다음 1688 사이트로 돌아와 사진 검색 아이콘을 클릭합니다.

네이버에서 소싱하고 싶은 상품을 찾았는데 원   상단의 사진 캡처 검색 아이콘을 클릭합니다.
가가 궁금하다면 우선 상품 사진 캡처!

❷ **사진 검색** : 그러면 다음과 같이 사진 추가 창이 뜹니다. 여기서 캡처한 사진을 선택하면 자동 으로 비슷한 제품을 검색해서 보여줍니다. 대략 15~17위안의 가격대를 확인할 수 있습니다.

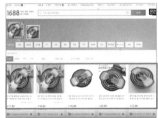

❸ **키워드 검색** : 이번에는 키워드로 가격 정보를 찾아볼까요? 사진 검색 결과 화면에서 하나를 클릭해 들어갑니다. 그러면 상단의 키워드 정보가 보이는데, 이것을 복사해서 키워드 검색을 해보면 됩니다. 자세한 중국어 내용은 모르지만 해당 업체가 연구를 해서 뽑은 키워드일 것이 니 적절한 결과가 검색될 것입니다.

중국어를 몰라도 상품 페이지에서 키워드를 긁어 번역
을 돌리면 검색 가능!

키워드 검색 결과 화면

❹ **공장 보유 확인** : 검색을 해보니 15위안대 가격이 나왔습니다. 이곳을 들어가 볼까요? 여기서
회원전용 계정에 나타나는 '분포' 아이콘을 클릭하면 해당 회원과 위탁계약을 맺지 않았다는
창이 뜹니다. '분포' 아이콘이 아예 없다면 원청 공장을 소유한 판매자가 아니라는 뜻일 수도
있습니다. 분포 아이콘이 없으면 위탁을 주지 않는다는 말로 해석할 수 있으나 100% 그렇지만
도 않습니다. 확률이 크다 정도로 이해하면 될 듯하네요.

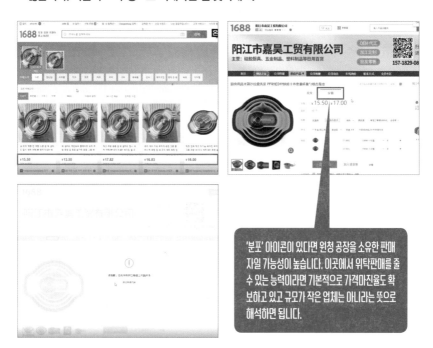

'분포' 아이콘이 있다면 원청 공장을 소유한 판매
자일 가능성이 높습니다. 이곳에서 위탁판매를 줄
수 있는 능력이라면 기본적으로 가격마진율도 확
보하고 있고 규모가 작은 업체는 아니라는 뜻으로
해석하면 됩니다.

⑤ **카테고리 검색** : 추가로 카테고리별 가격을 체크할 필요가 있습니다. 왜냐하면 같은 제품이라도 전혀 다른 카테고리에 속해 있을 경우 터무니없이 싼 가격에 선보이기도 하는데, 이럴 경우 속임수일 수 있으니 건너뛰는 게 좋습니다.

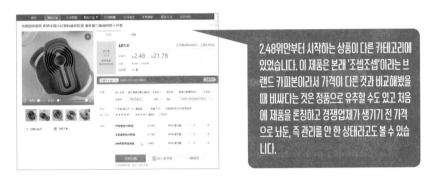

2.48위안부터 시작하는 상품이 다른 카테고리에 있었습니다. 이 제품은 본래 '조셉조셉'이라는 브랜드 카피본이라서 가격이 다른 것과 비교해봤을 때 비싸다는 것은 정품으로 유추할 수도 있고 처음에 제품을 론칭하고 경쟁업체가 생기기 전 가격으로 놔둔, 즉 관리를 안 한 상태라고도 볼 수 있습니다.

⑥ **리뷰 검색** : 해당 상품의 평가를 살펴볼 필요가 있습니다. 품질, 디자인 등 사용자들의 생생한 리뷰를 확인해보세요.

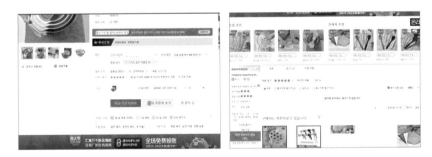

❼ **관심 회사 검색** : 마음에 드는 제품을 발견했다면 해당 제품을 판매하는 회사의 상품을 일괄 검색할 수 있습니다. 이 회사의 경우 플라스틱 주방용품에 특화된 곳임을 알 수 있어요. 여기에서 또 마음에 드는 물건을 찾아나갈 수 있습니다.

취급 제품이 일관된 카테고리이거나 비슷한 재질로 만든 제품을 취급한다면 이런 업체는 공장이거나 전문 도매처일 가능성이 높습니다. 전문업체를 단골로 만들 수 있는 중요한 팁이지요. 또한 내가 원하는 카테고리로 스토어를 꾸릴 경우 유리하게 접근할 수 있습니다.

이우고 활용

이우시장을 방문할 때 유용한 앱인 YMG 사용법 동영상입니다. 책과 함께 살펴보세요.

도매시장 이우시장을 그대로 웹으로 옮겨놓은 곳

이우고(www.yiwugo.com)는 푸텐에 있는 도매시장 이우시장을 그대로 온라인에 옮겨놓은 곳입니다. 회원가입은 이메일만 있으면 가능해요. 1688과 마찬가지로 중국 핸드폰 번호가 없어도 가입이 되며 이메일 등록으로 회원가입도 가능합니다.

이곳은 오프라인 도매 시장을 그대로 옮겨놓은 사이트라 1688만큼 온라인 업데이트가 빠르지는 않지만 마음에 드는 곳을 발견할 경우 직접 업체와 연락할 수 있다는 장점이 있습니다. 초보 셀러들은 대부분 이우고 사이트에서 업체만 선택한 후 구매대행 업체에 이후 과정을 일임하기도 합니다.

초보 셀러들은 이우고에서 상품과 업체를 선택하고
이후 과정은 구매대행 업체를 활용합니다.

도매시장 이우고를 옮겨놓은 사이트(www.yiwugo.com). 1688
보다 업데이트는 느리지만 소싱처 직접 연락이 용이합니다.

키워드 검색과 사진 검색은 1688과 비슷하다

키워드 검색은 1688과 거의 같습니다. 구글 번역기나 파파고 등에서 '고무장
갑' 검색어를 번역한 후 붙여 넣으면 다음과 같이 결과 화면이 나타납니다.

1688처럼 키워드 검색이 가능합니다.

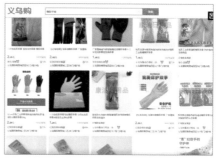

'고무장갑' 키워드를 구글 번역기로 돌려서 넣으면 결과가 나
타납니다.

사진 검색도 가능합니다. 전체적으로 1688과 비슷한 구조를 가지고 있으므로 원하는 물건을 쉽게 찾을 수 있을 것입니다. 크롬에서 검색하면 번역 서비스를 쉽게 이용할 수 있습니다.

1688처럼 사진 검색이 가능합니다.

크롬 번역기를 활용하면 중국어 검색 OK!

도매시장 상가 주소를 입력해도 검색 가능!

출국 출장 때 받은 명함 주소를 상단에 입력해보았습니다. 그랬더니 다음과 같이 상가 검색 결과가 나옵니다.

해당 화면을 클릭하면 해당 상가의 페이지가 나오고 매장의 360도 뷰도 확인할 수 있습니다.

지도에서 상가의 위치도 확인할 수 있어요.

❶ 회원 가입하기 : 이우고(www.yiwugo.com) 상단화면의 회원가입을 클릭하면 회원가입 화면으로 넘어갑니다.

❷ 이메일로 가입하기 : 우리는 중국 전화가 없기에 이메일, 비밀번호를 입력하여 가입을 진행합니다. 이메일 가입 버튼을 눌러서 회원가입을 합니다.

③ 인증절차 진행하기 : 가입한 메일주소로 인증여부 확인 메일이 갑니다. 인증 메일 링크를 클릭하면 가입이 완료됩니다.

④ 로그인하기 : 로그인을 하면 다음과 같은 화면이 나오는데, 왼쪽 화면에 표시해둔 아이콘을 클릭해서 무시하고 넘어가면 로그인 화면으로 전환됩니다.

107쪽 1688에서 검색한 사진을 활용해서 이우고에서도 검색해볼까요? 역시 가격대가 15~17 위안 선에서 판매되고 있음을 확인할 수 있습니다. 비슷하지요?

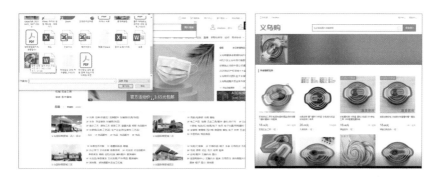

그런데 다음과 같이 8위안대의 상품을 발견했습니다. 겉보기에는 15~17위안대 상품과 별 차이가 없는데요, 상품 퀄리티가 비슷하다면 이곳에서 물건을 소싱하는 게 좋겠죠? 대행업체에 부탁하여 해당 상품에 대해 문의를 해보고 상품도 확인해보면 좋을 것입니다.

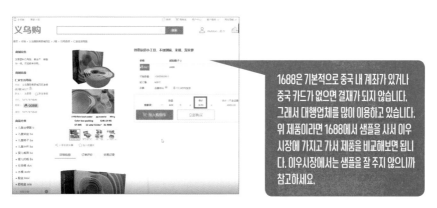

> 1688은 기본적으로 중국 내 계좌가 있거나 중국 카드가 없으면 결재가 되지 않습니다. 그래서 대행업체를 많이 이용하고 있습니다. 위 제품이라면 1688에서 샘플을 사서 이우 시장에 가지고 가서 제품을 비교해보면 됩니다. 이우시장에서는 샘플을 잘 주지 않으니까 참고하세요.

Tip

이우시장 현장답사에 필요한 앱 - YMG

이우시장에 가면 YMG 앱이 유용합니다. 동영상으로 사용법을 공유해놓았으니 함께 참고하세요.(하단 QR 코드)

먼저 구글 플레이스토어에서 'YMG'를 검색해보세요. 다음과 같은 앱이 뜰 것입니다. 이 앱은 이우시장 현지에서 길을 잃어버리지 않도록 자신의 위치를 확인해 줍니다. 또한 해당 위치를 클릭하면 주변에 있는 가게를 보여주지요. 명함과 제품을 저장할 수 있고 엑셀로도 변환할 수 있어서 유용합니다. 자체 번역 기능도 있습니다.

이우시장 길찾기 앱
YMG

해당 위치에 있는
가게를 보여준다

앱에서 곧바로 번역
도 가능

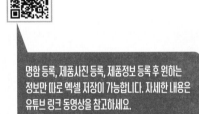

명함 등록, 제품사진 등록, 제품정보 등록 후 원하는
정보만 따로 엑셀 저장이 가능합니다. 자세한 내용은
유튜브 링크 동영상을 참고하세요.

알리바바, 타오바오, VVIC 활용

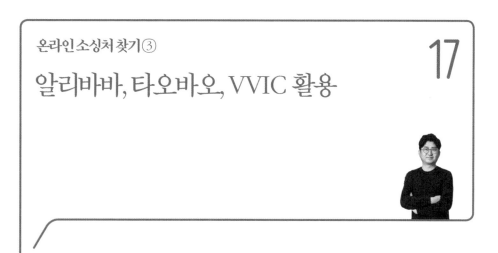

알리바바(www.alibaba.com)는 수출특화 전용

1688은 저렴한 가격을 밀고 있고 이우고는 이우시장을 그대로 온라인으로 옮겨놓은 것이라면 알리바바는 수출용 사이트라고 이해하면 됩니다. 입점한 곳들도 중국 외에 여러 국가들이며 결제도 달러로 진행됩니다. 만약 1688이나 이우고에서 제품을 구입하기 꺼려진다면 비용을 좀 주고라도 알리바바에서 구매하면 됩니다. 상품을 검색하는 방법은 사진 검색, 키워드 검색으로 1688과 거의 동일합니다.

중국 외 여러 국가 업체 입점, 결제는 달러로 진행!

www.alibaba.com

타오바오(world.taobao.com)는 한국 구매대행 업체가 애용

한국의 구매대행 사업자들이 요즘 가장 많이 이용하고 있는 사이트입니다. 비자나 마스터 카드 이용이 가능하기 때문이지요. 배송대행지(배대지)만 지정해 놓고 곧바로 물건을 보내면 되는 시스템을 제공하고 있어서 편리합니다. 하지만 소매 성향이 강하다보니 가격이 좀 비싼 편입니다. 1688이나 이우고라고 해서 다 싼 것은 아니니까 적절히 비교하면서 원하는 상품을 찾으면 됩니다. 타오바오는 1688이나 알리바바에 없는 상품도 있으므로 잘 활용하면 좋습니다. 징동, 티몰도 소매 사이트로 유명합니다.

비자나 마스터 카드 이용이 가능해서 한국 업체가 주로 사용!

VVIC(www.vvic.com)는 온라인 광저우 의류 도매시장!

광저우 의류 도매시장을 그대로 온라인에 옮겨놓은 사이트입니다. 한국에서도 많이 찾는 곳이에요. 의류는 검수가 특히 중요합니다. 사이즈가 정확한지, 실밥이 나와 있는지, 재질은 어떤지 확인이 필요해요. 초보 셀러들은 광저우 현지에서 검수를 해주는 구매대행 업체를 이용하는 경우가 많습니다. 검수를 맡기기 전에 체크리스트를 만들면 더 좋겠죠? 그리고 원산지 표시 작업은 꼭 해야 하는데, 검수팀에 의뢰하면 가능합니다.

의류 특화 사이트.
구매대행 업체를 활용하는
곳도 많아요.

알리왕왕 채팅으로
소싱처와 소통하는 법

18

스마트스토어 톡톡과 비슷한 알리왕왕

지금까지 온라인 소싱처에 대한 이야기를 드렸고, 이번 시간에는 소싱처와 어떻게 소통해야 하는지 알아보겠습니다. 알리바바, 타오바오에서는 '알리왕왕'이라는 실시간 채팅 프로그램을 쓰는데, 스마트스토어의 '톡톡'과 비슷하다고 보면 됩니다.

알리왕왕은 판매자와 실시간으로 1대 1로 이야기할 수 있는 장점이 있으나, 단답형 질문에 답변하는 수준이고 그 이상은 어렵다고 보면 됩니다. 번역기를 돌려서 사용해야 하니까요. 그래도 유용하게 활용할 수 있으니 알아두세요.

1688과 타오바오에 있는 알리왕왕 활용하기

1688에 마음에 드는 상품을 찾았다고 칩시다. 이 상품을 올린 소싱처와 소통하고 싶다면 왼쪽의 알리왕왕 채팅창을 눌러보세요. 상품 설명 왼쪽 물방울 아이콘을 클릭해서 알리왕왕 채팅창을 열 수 있습니다. 알리왕왕을 사용하려면 따로 회원가입을 해야 합니다. 유튜브에 '알리왕왕 가입' 동영상이 많으니 참고하세요.

1688에서 마음에 드는 상품 페이지를 찾았다면 클릭해서 들어가보세요.

상품 페이지에서 물방울 아이콘을 클릭하면 알리왕왕 채팅 프로그램이 실행됩니다.

알리왕왕 창이 뜹니다. 소싱처와 채팅할 때 물어보는 패턴은 일정합니다. 소싱할 때 필요한 중국어는 96쪽에 정리했습니다. 참고해서 활용해보세요.

··· 은 아직 안 읽었다는 표시예요.

❶ **상품 페이지 선택하기** : 1688(www.1688.com)에 들어가 로그인을 한 후(103쪽 참고) 마음에 드는 상품을 발견하면 클릭해서 들어갑니다.

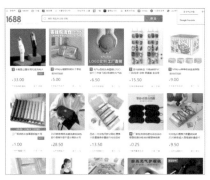 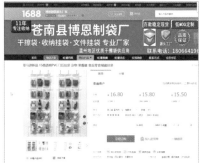

❷ **알리왕왕 아이콘 선택하기** : 하단으로 내려가면 알리왕왕 채팅을 할 수 있는 아이콘이 있는데, 알리왕왕이 설치되지 않았다면 설치화면으로 넘어갑니다.

③ **알리왕왕 설치하기** : 설치가 완료되면 아이디와 비밀번호 입력창이 뜹니다. 이곳에 정보를 입력하면 알리왕왕 채팅창이 뜹니다.

1688과 타오바오는 아이디
공유가 가능합니다.

④ **알리왕왕 채팅하기** : 원하는 상대와 영어나 중국어로 대화할 수 있습니다. 99쪽에서 살펴본 것처럼 자주 쓰는 중국어를 복사해서 소통하면 됩니다.

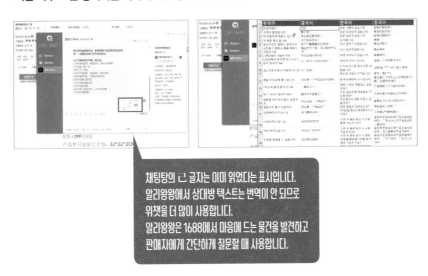

채팅탕의 己 글자는 이미 읽었다는 표시입니다.
알리왕왕에서 상대방 텍스트는 번역이 안 되므로
위챗을 더 많이 사용합니다.
알리왕왕은 1688에서 마음에 드는 물건을 발견하고
판매자에게 간단하게 질문할 때 사용합니다.

위챗 채팅으로 소싱처와 소통하는 법

19

알리왕왕보다 강력한 위챗 프로그램!

알리왕왕보다 더 유용한 채팅 프로그램은 위챗입니다. 카카오톡 쓰는 인구보다 훨씬 많은 사람들이 사용하지요. 알리왕왕의 기능보다 좋은 점은 카카오스토리 같은 기능을 제공하여 자기 상품을 올려서 홍보를 할 수 있다는 점입니다. 뿐만 아니라 단톡방을 만들어서 구매대행을 하는 사람을 불러들여 소싱처와 함께 소통할 수도 있지요. 물론 음성통화, 영상통화, 번역도 가능합니다. 위챗만 잘 활용해도 천군마마 같은 직원을 데리고 있는 효과를 거둘 수 있습니다.

위챗을 검색해서 들어가면 다음과 같이 다운로드 화면이 뜹니다. 구글 플레이스토어에서는 모바일 버전을 다운로드받을 수 있습니다. 회원가입은 카카오톡과 다를 게 없어요. 전화번호, 개인정보를 입력하고 인증번호를 입력하면 가입이 가능합니다.

명함에 위챗 아이디와 QR코드는 필수!

실무에서는 알리왕왕보다 위챗을 자주 사용합니다. 중국 박람회나 도매시장에 가서 명함을 주고 받을 때 위챗 아이디와 QR 코드 기입은 필수입니다. 내 명함을 뿌리면 어느 순간 중국 현지 소싱처가 나를 등록하고 신상품 정보를 제공하고 프로모션을 제안해주기 때문이지요. 평상시 소통하면서 관계를 쌓아나갈 필요가 있습니다. 참고로 중국 시간은 우리나라보다 1시간 느립니다.

위챗으로 일상적 소통이 가능!

명함에 위챗 아이디를 입력하면 자연스레 신제품 정보를 보내줍니다.

카카오톡처럼 결제도 가능한 위챗!

위챗에서는 카카오톡에서처럼 결제도 가능합니다. 예를 들어 '1,000원짜리 깎아서 900원에 해줄 테니, 별도 URL에서 결제해라'라는 톡을 받고는 해당 URL에서 결제할 수 있지요. 혹시라도 결제에 문제가 생길 경우 플랫폼사의 도움도 받을 수 있습니다. (예를 들어 네이버에서 결제하면 네이버 시스템 도움 받을 수 있음.)

위챗 친구들은 대부분 판매자들이고 이들은 물건을 팔려는 욕구가 강한 사람들입니다. 위챗만 제대로 활용해도 큰 성과를 거둘 수 있습니다. 참고로 위챗 페이로 결제하려면 중국계좌가 있어야 합니다.

위챗페이는 중국계좌가 따로 있어야 합니다.

위챗 QR코드가 있는 명함 사진

PC에서 위챗 설치하고 채팅하기

① 모바일에서 위챗 설치하기 : PC에 위챗을 설치하기 위해서는
   모바일에서 먼저 가입을 해야 합니다. 모바일 플레이스토어(또
   는 앱스토어)에서 위챗을 찾아 설치합니다.

② 앱을 설치하면 로그인, 전화번호
   등록 화면이 뜹니다. 휴대폰을 통
   해 가입해도 되고, 페이스북을 통
   해 가입할 수도 있습니다. 편한 방
   법으로 하면 됩니다. 여기에서는
   휴대폰을 통해 가입하는 방법을 알
   려드리겠습니다.

③ 휴대폰을 통해 가입하기를 선택한 후 전화번호를 등록합니다.

④ 등록된 전화번호로 인증코드가 발송되면 인증코드를 입력합니다. 그러면 가입이 완료됩니다.

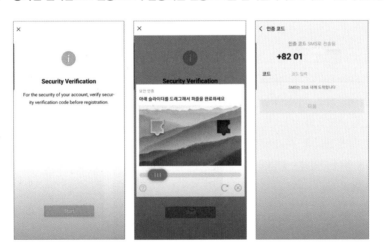

⑤ PC에서 위챗 설치하기 : 핸드폰으로 가입을 완료했다면 PC에서 위챗을 설치해보겠습니다.
위챗(www.wechat.com)에 들어가 윈도우 버전 다운로드를 클릭합니다.

⑥ 화면 하단에 다운로드 아이콘이 있습니다. 아이콘을 클릭하여 설치 프로그램을 다운받습니다.
설치 파일을 실행하면 위챗 설치 화면이 뜨는데 'Install'을 클릭하여 설치를 진행합니다.

⑦ 설치가 완료되면 'RUN' 아이콘을 클릭합니다. 그러면 QR코드 스캔화면이 뜹니다. 이때 핸드폰
에 설치된 위챗으로 QR 인증을 해야 로그인이 가능합니다.

⑧ 핸드폰에 설치된 위챗을 켜고 하단의 검색을 누르면 QR코드 스캔 메뉴가 나옵니다. PC의 QR코드를 스캔하면 로그인이 됩니다.

⑨ 위챗에서 채팅하기 : PC에서 원하는 대화 상대를 찾아 소통하면 됩니다.

소싱처 소통법,
이렇게 하면 성공한다!

소싱한 제품의 총원가를 계산하는 엑셀계산기 링크입니다. 비밀번호는 쿠폰에 있습니다.

소싱처 입장에 서서 소통하는 게 기본!

중국은 전 시장을 상대로 장사를 합니다. 한국은 그중 일부일 뿐이에요. 한마디로 중국 소싱처는 아쉽지가 않아요. 그런데 한국 사람들은 까다롭게 요구하고 하나라도 맞지 않으면 발길을 돌리는 편입니다. 어떤 소싱처라도 이런 행동이 반복된다면 꺼리겠지요.

소통을 할 때도 내 입장에서만 서지 말고 상대방 입장이 되어보는 게 필요합니다. 별다른 고민 없이 즉흥적인 질문만 한다면 시간 낭비라 생각해서 제대로 응대해주지 않습니다. 나중에 좋은 조건을 제시하더라도 함께 일하고 싶지 않아서 일이 틀어지지요. 장사도 사람이 하는 일입니다. 상대에게 좋은 인상을 주고 서로의 시간을 아껴주는 마음으로 접근한다면 좋은 기회가 생기기 마련입니다.

소싱처에 가장 먼저 질문할 것은? - 제품의 용도

소싱처와의 소통은 결국 제품에 집중됩니다. 가장 먼저 물어볼 것은 제품의 실사용 용도입니다. 온라인에서 본 이미지만으로는 사용 용도를 착각했을 수도 있으므로, 돌다리를 두드린다는 심정으로 제품의 실사용 용도부터 꼭 물어보세요. 실제로 아래 상품이 장난감인 줄 알았는데 주방용품인 경우가 있었습니다.

온라인 이미지로 이해한 것과 실사용 용도가 다른 상품 사례(장난감인 줄 알았는데 주방용품)

그 밖에 질문해야 할 제품 정보는?

용도와 기능을 확인했다면 여러가지 구체적인 제품정보를 물어봐야 합니다. 기능/용도 → 가격 → 재질 → 포장(칼라박스/OPP◆/영문 여부/벌크) → 박스 입수(한 박스당 수량) → CBM(용적/부피, 원가 산출 시 해운 운임비 계산 목적) → 배송기간(1개월, 3개

월……) → MOQ(최소 주문 단위) 이렇게 빠짐없이 물어보세요.

■ 소싱처 문의사항 체크리스트 ■

☐ 제품의 기능/용도   ☐ 박스 입수

☐ 제품의 가격   ☐ CBM(용적/부피)

☐ 제품의 재질   ☐ 배송기간

☐ 제품의 포장   ☐ MOQ(최소 주문 단위)

| 협상 팁 1 | 제품 가격 범위를 미리 숙지하자

우리는 이제 한두 개 제품을 사들이는 소비자가 아니라 대량으로 수입하는 도매업자이자 소싱의 주체입니다. 수입할 때 물건을 사기 위해 비용을 투자하지만 잘 팔기 위해 사진도 찍고 상세이미지를 만듭니다. 그런데 이 제품이 재고를 처리하기 위해 싸게 팔거나 하자가 있거나 단종이 될 확률이 높다면 이 모든 투자가 물거품이 됩니다.

따라서 제품을 신중히 선택해야 합니다. 만약 제품 가격이 너무 싸다면 일단 의심을 한번 해봐야 합니다. 혹시라도 제품에 하자가 있는지, 재고를 털려고 하는지(단발성 오더) 이런 의도가 있을 수 있기 때문입니다. 이런 것을 방지하기 위해서는 제품의 대략적인 가격 범위를 알고 있어야 합니다. 앞에서 연습했듯이 제품을 많이 봐야 하는 이유이기도 하지요.

| 협상 팁 2 | MOQ 수량으로 가격과 옵션을 흥정하자

마음에 드는 물건을 발견했지만 한국에서 다른 셀러들이 이 물건을 팔 수도 있습니다. 여기서 차별화를 꾀해야 합니다. 최저 MOQ(최소 주문 단위)가 100개인 공장이 있다고 할 때, 이렇게 흥정해볼 수 있습니다.

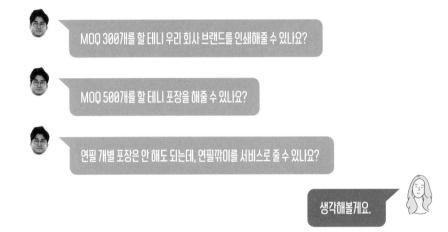

| 협상 팁 3 | 스트레스 테스트를 해보자

처음 소통하기 시작한 소싱처가 빡빡하게 일을 진행한다면 너무 매달릴 필요는 없습니다. 내가 원하는 제품을 다른 소싱처에서도 제공할 수 있거든요. 반대로 소싱처가 내 요구를 어느 정도까지 받아들일 수 있는지 적절한 선에서 요구해보세요. 대응하는 모습을 보면서 함께 일할 파트너인지 가늠해볼 수 있습니다.

| 협상 팁 4 | 샘플을 요청하자

온라인에는 최소 주문단위가 다 나와 있습니다. 1~9개, 10~99개, 100개 이상,

구간별 단가가 다 다르지요. 단가가 나와 있다는 것은 개수별 가격대로 판매할 경우 마진이 남는다는 뜻입니다. 이때 가격 네고를 하고 싶다면 자신의 비전을 제시해보세요. 10개만 샘플로 사서 한국 현지에서 테스트를 해보겠다, 그런 다음 대량으로 구매하겠다고 설득해보는 식이지요.

제가 지금은 100개 이상 구매를 못하지만, 한국 테스트 차원에서 10개 정도 구매하고 싶습니다. 저는 잘 팔 자신이 있어요. 그런데 이건 샘플로 파는 거니 우선 100개 단가로 주면 안 될까요?
그래주시면 감사하겠습니다. 한국에서는 이 제품이 많이 깔려 있어서 단가가 민감합니다. 조금만 낮춰주면 분명 경쟁력이 있어요.

좋습니다. 거래합시다!

소통의 기본 원리는 중국이나 한국이나 동일합니다. 내가 정말 제품에 관심 있고 사고 싶다면, 막 떠보듯이 물어보지 않겠죠. 판매자도 마찬가지입니다. 신뢰하기 위해서는 잘 소통하는 것이 중요하다는 것 잊지 마시기 바랍니다.

하사장의 소싱제품 원가 계산기

중국에서 소싱한 제품의 원가를 계산하는 엑셀계산기를 네이버 물주카페 → 물주스터디
→ 오프라인 스터디 → 도서 구매자 선물쿠폰 1 게시물에 올려놓았습니다.(비밀번호는 쿠폰
에서 확인) 파일을 열면 회색 필수 항목에 기입하면 한화로 원가가 나오게 해놨습니다.

여기서 생소한 게 ❶ CBM인데요, 제품과 포장까지 포함한 사이즈를 cm 단위로 넣어주면
됩니다.(가로×세로×높이) 그리고 ❷ 중국 내 택배비는 차이가 있을 수 있겠지만 여기서는
대략 박스당 30위안 정도 넣으면 됩니다.

❸ 박스 수량을 최종 입력하면 자동으로 계산되어 나옵니다. ❹ 여기서 총금액에서 수량
을 나누면 원가가 나올 거예요. 이렇게 회색에만 기입하면 한화로 원가가 나오게 해놨습
니다.

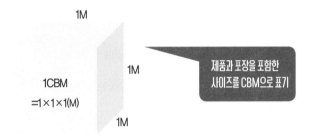

물주카페 → 물주스터디 → 오프라인 스터디에서 다운로드 받고 쿠폰의 비밀번호를 입력하세요.

소싱한 상품이
한국에서 통하려면?

(feat. 시장 인사이트 갖추기)

21

가격경쟁력을 확보했다면 한 고비 넘은 셈

일단 여기까지 따라왔다면 1688이나 이우고 등 온라인 소싱처 검색만로도 가격(원가)을 어느 정도 파악할 수 있을 것입니다. 내가 소싱한 제품의 원가가 3,000원짜리인데 이 제품이 한국에서 8,000원에 팔리고 있다면 별 고민 없이 들어가면 됩니다. 하지만 아무리 가격이 싸도 사람들이 찾지 않으면 소용이 없겠지요?

상품의 생명주기도 염두에 두자

더불어서 내 제품의 생명 주기도 확인해야 합니다. 초기 진입 상품은 경쟁자가 드물어서 가격을 높이 매기더라도 충분히 팔립니다. 제품의 생명력은 경쟁자 상황에 따라서도 결정됩니다. 잘 팔려도 경쟁자들이 물밀듯이 밀고 들어오면 경쟁이 치열해지고 생명력도 짧아질 수밖에 없겠죠. 이런 부분도 감안을 해서 가격을 내리거나 내 브랜드를 강화시키거나 따로 특허나 인증을 받거나 해서 방어를 해야 합니다.

시장성이 있어도 단발성 상품은 패스!

지금 당장 불타나게 팔리더라도 계절성, 유행성, 이슈몰이 상품은 시간이 흐르면 판매가 뚝 끊기므로 주의하세요.

내가 자본금이 500만원 있고 비키니를 100만원어치 사려는데 지금 계절이 가을이다. 그러면 매입을 원점에서 고민해야 합니다. 한때 유행했던 피젯스피너 같은 국민 장난감도 후발주자가 들어가면 끝물일 수 있으니 매입을 고민해야 합니다.

하지만 단발성인지 아닌지 헷갈릴 때도 있습니다. 예를 들어볼까요? 황사는 단발성일까요, 아닐까요? 요즘은 황사가 며칠 심했다고 황사 이슈라 하지 않아요. 황사는 봄철 매번 찾아오고 있습니다. 황사 상품은 이슈몰이 필요 없이 연속적으로 가는 상품이지요. 이런 것들을 잘 판단해서 진입 여부를 결정해야 합니다.

■ 시장 인사이트를 높이는 제품 속성 파악 ■

□ 계절성 상품 vs 상시 상품

□ 유행성 상품 vs 연속성(비유행) 상품

□ 이슈를 타는 상품 vs 이슈에 상관없는 상품

유행성 상품인 피젯스피너

| 사례 | 공기청정기는 가전제품이 아닌 소모품 시장?

공기청정기는 불과 몇 년 전까지만 해도 있어도 그만 없어도 그만인 제품이
었습니다. 하지만 지금은 필수 가전제품으로 자리 잡았지요. 요즘 공기청정기는
6개월만 지나면 자동으로 필터를 갈아달라고 알람이 뜹니다. 제가 직접 판매한
제품 중 공기청정기 필터가 있습니다. 당시 정품이 10만원대를 훌쩍 넘어갔지
요. 고객들이 너무 부담스러워하는 걸 인지하고 호환용 제품을 팔았습니다. 처
음엔 경쟁자가 없어서 6만 5,000원에 팔았다가 나중에는 3만 8,000원에 팔고 있
는데요, 그래도 꾸준하게 팔리고 있습니다. 신경 쓸 것도 없이 3PL*하는 동생에
게 맡겨두고 재고가 떨어질 쯤에 재구매해달라고 연락이오면 그때 구매만 대행
해줍니다.

저는 공기청정기 시장을 가전제품이 아닌 소모품으로 바라보았습니다. 당시
기준으로 시장을 바라보는 시각이 조금 달랐지요. 시장을 보는 통찰력을 키우기

공기청정기 전자제품 카테고리 판매 사이트

공기청정기 필터 카테고리 판매 이미지

---

* **3PL(Third Party Logistics)** : 제3자 물류로 불리며 물류 전부, 또는 일부를 전문업체에 외주를 주는 것을 말합니다. 외주는 운
송, 창고, 수출입, 정보관리 분야로 나뉘며 점차 생산, 반품, 주문처리, 구매관리도 외주로 확장되는 추세입니다.

위해서는 무엇이 필요할까요? 정답은 따로 없습니다. 그저 매순간 세상이 어떻게 돌아가는지 공부하는 수밖에 없는 것 같아요.

앞에서도 살펴봤듯이 가격경쟁력으로만 승부하면 살아남기 어렵습니다. 가격이 비싸더라도 고객이 기꺼이 지불할 만한 제품을 파는 게 중요하지요. 우리가 포장지를 바꾸고 파우치에 넣고, 설명서를 추가하는 등의 작업을 하는 것은 결국 제품에 '가치'를 담기 위해서입니다. 이런 게 바로 브랜딩을 위한 일이죠. 아무리 똑같은 제품이라도, 나만이 줄 수 있는 가치를 담으면 그 자체로 차별화가 되는 것이고, 경쟁력이 생기는 것입니다.

| 사례 | 공급 시기만 다르게 가도 차별화 가능!

차별화할 수 있는 요소는 제품에만 있는 것이 아닙니다. 공급 시기만 다르게 해도 남들과 차별화가 됩니다. 목 마사지 기계를 예로 들어볼게요. 목 마사지 기계니까 보통 건강, 헬스 이렇게 생각할 텐데, 이 키워드 대신에 '사랑' 또는 '효도' 키워드를 대입시키면 시장이 확 달라집니다. 이 목 마사지 기계는 경쟁자들을 피해 어버이날, 스승의 날이 몰려 있는 5월이나, 설이나 추석 같은 명절에 선물로 판매됩니다. 그밖에도 나이가 한 살 올라가는 연말에도 좋은 선물이 되겠죠. 이렇게 공급 시기만 다르게 해줘도 충분히 차별화가 가능해지는 겁니다.

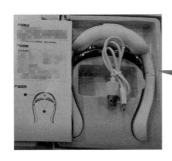

헬스 카테고리? 선물 카테고리?
공급시기에 따라 달라집니다!

| 사례 | 식재료 미역을 기프트로 변신!

이 전단지는 제가 제주도로 출장 갔다가 기내에서 본 전단지입니다. 시중에서 5,000원인 미역이 기내에서는 1만원에 팔더군요.

만약 주부들 같으면 이 상품은 절대 사지 않겠죠? 시중에서 더 싸게 살 수 있으니까요. 하지만 저같이 출장하는 사람들은 다릅니다. 출장 갔다가 오는 길에 선물 용도로 1만원 정도면 부담도 별로 없고 괜찮기 때문이죠. 포장도 괜찮은 편이고 '에어부산'이라는 브랜드도 추가되어 있고, 받는 사람에게도 부담 안 되는 가격으로 작은 이벤트 같은 선물을 안겨주는 것이죠.

게다가 이 미역은 단순히 미역이 아니라, 하트 미역이네요. 식재료가 아닌 사랑하는 사람, 아끼는 사람에게 줄 수 있는 '기프티콘'으로 바뀌는 겁니다. 이것이 '가치'의 창출이지요. 결국 '가치'를 담는 것이 차별화하는 것이고, 가격 경쟁에서 벗어날 수 있게 되는 겁니다.

| 사례 | '감성캠핑' 키워드로 연인 공략!

아래 사진은 누구나 알고 있는 캠핑 제품입니다. 타프라고 하는 그늘막인데요, 왼쪽 스타일의 제품이 시장을 100% 점유하고 있었지요. 하지만 근래 들어 캠핑족이 늘어나면서 다양한 니즈들이 생겨났습니다. '감성캠핑'이라는 단어까지 키워드로 자리 잡게 되었지요. 고객의 니즈를 파악하고 제품에 이러한 니즈를 담으면 기존 제품과 차별화할 수 있습니다.

소비 트렌드를 읽으면 소싱을 하기 훨씬 쉬워집니다. 기존 시장에 있는 제품이고, 키워드라 할지라도 고객의 니즈를 얼마나 반영한 제품을 시장에 내보이느냐에 따라 소싱의 성패를 결정지을 수 있습니다.

중국에서 제품을 소싱할 때 춘절 포함, 피해야 할 일정을 동영상으로 확인하세요.

본품 소싱 전 샘플 소싱은 필수!

이번에는 중국을 중심으로 진행하는 해외소싱 노하우를 알려드리겠습니다. 보통 처음엔 ① 샘플을 소싱하고 ② 샘플을 육안으로 확인한 후 이 제품으로 진행해야겠다고 생각하면 ③ 본품 소싱을 하게 됩니다. 샘플 소싱은 제품을 직접 확인하기 위해서 꼭 필요한 절차입니다. 샘플을 구매해서 확인해야 하는 것들은 어떤 것들이 있을까요?

샘플 소싱이 꼭 필요한 제품은? 옷!

여기 보이는 옷으로 예를 들어볼게요. 다른 제품도 그렇지만 특히 옷 같은 경우 사진으로 쉽게 확인할 수 없는 것들이 많습니다. 실질적인 질감이라든지, 무게감, 바느질 상태(봉제 상태) 이런 것들은 사진으로는 확인이 불가능하죠. 샘플을 구매해서 직접 봐야만 확인이 가능합니다. 가격 대비 품질이 어떤지 직접 눈으로 보고, 손으로 만져봐야 제대로 확인할 수 있습니다.

옷 같은 경우 샘플 소싱이 꼭 필요!

샘플 소싱을 생략해도 되는 제품은?
시장 검증 끝난 상품이나 유행성 상품!

그렇다면 샘플 소싱을 생략해도 되는 제품에는 어떤 것들이 있을까요? 첫 번째는 이미 시장에서 검증이 끝난 제품입니다. 〈첫째마당〉에서 설명했던 오리집게가 대표적인 경우입니다. 품질이 딱히 중요하지 않고 시간이 급박한 제품입니다. 구매 리뷰를 통해서도 품질 확인이 가능하기 때문에 굳이 샘플을 확인하지 않아도 되겠지요.

또 이런 경우도 있습니다. 단발성, 유행성 제품은 시간적 여유가 없습니다. 이런 상품은 그야말로 타이밍이 가장 중요한데, 제품 배송하는 데 보통 보름 걸리고, 정식 주문하면 한 달 정도 소요가 되는 상황에서 샘플까지 확인하느라 시간을 더 보내게 되면 타이밍을 완전히 놓칠 수도 있죠. 즉, 시장의 상황이 너무 빠를 때는 샘플 받고 주문하다 놓칠 수도 있기 때문에 확인 없이 바로 진행하는 것이 좋습니다. 물론 샘플로 확인하지 않고도 소싱처와 소통을 통해서 가능한 한 많은 정보들을 확인하는 것이 중요하겠죠.

샘플 소싱을 생략해도 무방한 상품들

샘플 소싱하는 법

(온라인, 오프라인)

중국에서 요가링을 1,000원에 소싱해서 5,000원에 판매한 물리치료사님을 소개합니다.

샘플 소싱은 온라인 진행이 대부분!

샘플 소싱을 어떻게 하면 될까요? 온라인의 경우에는 샘플 구매 절차는 본품 소싱 절차와 거의 동일합니다. 단, 수량의 차이만 있을 뿐이에요. 그러나 샘플을 받으려 할 때는 손이 더 많이 갑니다. 샘플은 제품 주문이나 생산을 위한 절차이기에 재질, 사이즈, 무게, 디자인 등 어느 것 하나도 달라서는 안 됩니다. 그러므로 본품 주문보다 더 신경을 써야 합니다. 샘플에 신경을 많이 쓰면 본품에도 그대로 적용되기 때문에 신경을 많이 써야 합니다.

반면에 오프라인 매장에서 마음에 드는 물건을 발견하고 샘플을 요청할 경우에는 상황이 좀 다릅니다. 아예 샘플을 잘 안 주려 하거든요. 오프라인 매장에서는 하나의 상품에 대해서 1~2개 정도만 진열해 놓습니다. 그리고 색상이나 사이즈는 카탈로그만 제공하는 것이 대부분입니다. 매장 공간은 한정되어 있고,

많은 종류의 상품을 보여줘야 하니까 당연히 이런 식으로 하는 경우가 많지요. 하지만 비시즌 제품이나 이미 지난 재고 제품은 주는 경우가 종종 있습니다.

샘플 가격 어떻게 매길까?

오프라인 매장에서 샘플을 준다고 하면 무조건 받아두는 게 좋습니다. 여기서 중요한 것은 샘플 가격인데요, 본품 가격이 1,000원인데 샘플은 3,000원을 요구할 수도 있습니다. 너무 비싸다고요? 하지만 그렇게 생각하면 이후 진행이 잘 안 됩니다.

샘플을 사두면 이걸로 영업도 하고 사진도 찍을 수 있습니다. 도매로 영업할 때는 셀러들에게 제품을 보여줄 수 있으니 유용합니다. 경쟁사 제품과 실질적인 비교가 가능하니 이럴 땐 돈 아끼지 말고 비싸게 사들이는 게 맞습니다.

어떤 업체는 샘플 가격을 올려 받는 대신에 본품 주문할 때 차액을 돌려주겠다고 하는 곳도 있습니다. 반대로 요구할 수도 있고요. 이런 상황을 잘 판단하여 대응하면 됩니다.

샘플 주문 시 주의사항 ① 2개 이상 주문

샘플을 주문할 때 꼭 주의해야 할 사항에 대해 알아보겠습니다. 당연히 내가 팔고 싶은 제품을 잘 알고 있어야 뒤통수를 맞지 않겠지요. 예를 들면 사이즈, 무게, 재질, 색상 모든 것을 실제로 측정해보고 비교해봐야 합니다. 제작기간 같은 것도 고려해야 합니다.

그다음은 수량인데요, 가능하다면 하나 말고 2개 이상 주문하는 것이 좋습니다. 이건 온·오프라인 불문입니다. 하나는 내가 가지고 있으면 되고, 나머지는 중국 현지에서 핸들링하는 대행업체에 보내면 됩니다. 나중에 본품을 소싱할 때 양쪽에서 대조해가며 확인할 수 있어서 좋습니다. 이러면 위험을 더 줄일 수 있겠죠.

참고로 1개만 파는 업체는 극소수입니다. 기본 2개나 3개 이상인 경우가 많습니다. 반면에 타오바오는 샘플을 1개만 주문해도 가능합니다. 타오바오는 소매 성향이 강한 판매처라서 가격경쟁력이 조금 떨어지는 편이지만 모든 제품이 그런 건 아니니 잘 판단하기를 바랍니다.

2~3개 이상 샘플 구매를 유도하는 1688

샘플 1개도 구매가 가능한 타오바오. 하지만 비쌉니다!

샘플 주문 시 주의사항 ② 샘플·본품 소싱처는 동일하게!

샘플을 주문할 때 A사이트에서 주문했는데, B사이트가 더 싸다고 해서 업체를 B로 바꾸면 절대 안 된다는 겁니다. 이건 정말 위험해요. 사진으로 봤을 때 같은 상품처럼 보일지 몰라도 실제로 보면 완전 다를 가능성이 높기 때문에 이렇게 하는 것은 절대 추천하지 않습니다.

 Tip SOS! 샘플이 도착하지 않는다면?

내가 요청한 샘플이 안 올 수도 있어요. 이럴 때는 의도적인지, 모델이 바뀌었는지, 주문자가 실수해서 그런 건지 잘 알아봐야 합니다.

만약 샘플을 잘못 주문했다면 어떻게 해야 할까요? 샘플이든 본품이든 한국 통관을 거쳐 들어온 이상 끝이에요. 더 이상 어떻게 할 수가 없습니다. 만약 반품한다고 해도 반품 비용이 제품 가격 이상 들 수도 있어요. 그러니 그 전에 물건을 제대로 받기 위해 할 수 있는 건 다 확인해야 합니다.

샘플이 아무리 기다려도 오지 않는다면 깨끗하게 포기하고 다른 업체를 선정해서 제품을 받으면 됩니다. 소량으로 진행할 제품이 아니라면 여러 곳에서 샘플을 받아 비교해보는 것도 하나의 방법입니다. 주의해야 할 것은 샘플 구매처를 정확하게 알아놓아야 한다는 것입니다. 중국에서 온 샘플마다 업체명을 표기하는 것 잊지 마세요.

대량구매를 미끼로 접근한 사기꾼 행각을 알아보고 가까스로 돈을 지킨 사장님을 인터뷰했습니다.

본품 수량 얼마나 주문할까?

샘플을 받고 확인 작업이 완료되었다면 수량을 정해서 본품 소싱(발주)해야 합니다. 이때 가장 중요한 것은 수량입니다. 수량을 얼마나 할 것인가? 이게 가장 중요한 의사결정 사항이겠죠. 생각해야 할 것은 2가지 정도 됩니다.

1 | 판매 목표는 어느 정도인가?
2 | 안 팔리면 어떻게 처리할 것인가? 부담할 여력이 있나?

실제로는 이게 문제가 복잡합니다. 만약 소싱처의 본품 주문 MOQ가 100개라고 하면, 하루에 몇 개 팔 수 있을지 고민해야 합니다. 색상이 달라진다면 수량이 곱절로 늘어날 것이고요. 여기에 사이즈까지 보태 변수가 2개가 된다면 더 복잡해집니다. 파란색 S를 100개 했으면, L도 100개, XL도 100개, 빨간색까지 하면 600개…… 이렇게 늘어날 수도 있지요. 하루에 2개 파는 게 목표인데 600개 사는 건 과하겠지요?

여기에 광고라든지 마케팅의 정도에 따라서도 영향을 받기 때문에 모든 요소를 충분히 고려해야 합니다. 적정 주문량을 설정하고, 소싱처(공장)에서 발 빠르게 제작해줄 수 있는지, 제작기간도 고려해야 하고, 가격도 현실화해야 합니다. 이 모든 것을 고민하고 협상을 통해 결정해야 합니다.

무엇보다 다 팔지 못할 경우, 대안을 미리 생각해두어야 합니다. 일단 재고를 감당할 여력이 되는지도 판단해야 하고, 저가 제품일 경우 사은품으로 돌리거나 덤핑으로 넘길 수 있는지 미리 생각해두었다가 실제로 그런 상황이 발생했을 때 바로 대응할 수 있도록 해야 합니다.

색상별로 달라지는 제품 사례

덤핑제품 넘기는 거래 상황

소싱처 제품이 1차, 2차 다르게 온다면?

이런 경우도 있을 수 있어요. 잘 판매하던 제품이 중간에 바뀔 수도 있습니다. 1차는 제대로 왔는데, 2차는 뭔가 다른 제품이 오는 거죠.

플라스틱 선반을 팔고 있는데 소싱처에서 원가를 아끼기 위해 처음 받았던 것과 달리 두께가 얇아진 걸 보내는 경우가 있습니다. 이럴 때는 다른 제품이 와서 못 판다고 결정하지 말고 잘 활용할 수 있는 방법을 생각해야 합니다. 큰 하자가 없다면 상세페이지에 변경사항을 반영하는 정도로 제품을 계속해서 팔 수도 있습니다. 품질의 차이가 생기면 가격조정을 해서 소비자들에게 양해를 구하면 좋겠지요.

무엇보다 소싱처와의 소통이 중요합니다. 물건이 변경되거나 모델이 바뀌면 미리 이야기해달라고 해두세요. 무엇보다 상황이 바뀌면 사실대로 이야기할 수 있는 거래처인지, 재구매 여부에 따라 적절하게 조치해줄 수 있는지 확인해야 합니다.

이 제품은 처음 출시될 때 무게를 따로 표기하지 않고 판매했지만, 나중에는 원가를 낮추기 위해 무게별로 단가를 따로 책정하게 되었습니다. 이후 국내 상세페이지도 이 내용을 반영하여 변경하게 되었습니다.

실습 **저주파 목 마사지기 소싱 따라하기**

❶ 시장조사 : 건강에 대한 관심이 커지면서 셀프 마사지 기계도 인기를 끌고 있습니다. 시장에는 미니 마사기기 '클×'을 시작으로 저주파 목 마사지기 '카×'이 12만원대에 출시된 상태입니다.

❷ 신제품 정보 입수, 샘플 요청 : 아래 제품은 위챗으로 신제품 출시 연락을 받은 것입니다. 저도 잘 모르는 업체였는데 박람회에서 내 명함을 받아놓고 신제품 출시를 알려준 것이었지요. 그런데 이 제품은 마침 관심을 가지던 제품이었어요. 기능과 디자인이 거의 유사한 제품이기에 샘플을 요청한 후 직접 확인해보니 퀄리티는 괜찮았습니다. 하지만 포장이 별로라서 보완이 가능한지 거래처에 문의를 했습니다.

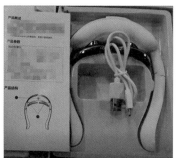

③ **소싱 결정** : 이 제품은 전기제품이라 인증◆이 필요했어요. 인증은 한국에서 해결하기로 했고, 가격, 포장 모든 조건을 조율하여 소싱하기로 최종 결정했습니다. 특히 포장의 경우 브랜드를 구축하기 위해 개인적으로 공을 들였는데 선물 용도로서 고급스러운 느낌을 주기 위해 실크 파우치로 선택했습니다. 그리고 국내 모델을 기용하여 사진 촬영을 하였고 상세페이지도 새로 만들었습니다.

④ **출시일 결정** : 제품력은 시중에서 최고이며, 가격경쟁력도 이미 확보하였기에 큰 성공을 기대하고 있습니다. 제품 판매 속도를 높이기 위해 가정의 달에 출시하기로 결정했고 '효' 콘셉트로 마케팅을 집중하기로 결정했습니다.

◆　인증에 대한 자세한 설명은 175쪽을 참고하세요.

〈돈이 된다! 해외소싱 대박템〉

셋째
마당

경쟁자를 물리치는
특허, 인증, 통관 삼총사!

특허, 알면 무기!
모르면 경찰서행!

25

무조건 피하게 되는 브랜드 특허,
동종업계 피해서 사용하면 가능!

특허 하면 일단 겁부터 내는 분들이 참 많습니다. 다짜고짜 특허를 침해했으니 상품 페이지를 내리라고 하면 그냥 내리는 셀러들도 많아요. 특히 브랜드 특허를 등록했으면 다른 셀러들은 쓰지 못하는 거 아니냐 생각하는데, 결론부터 이야기하면 특허가 있다고 모든 권리가 있는 건 아닙니다. 예를 들어서 설명하겠습니다.

자, 로고가 있습니다. 여러분이 다 아는 브랜드입니다. 쉐보레, 소나타, 이건다 자동차 브랜드입니다. 그리고 나이키는 스포츠 용품 브랜드입니다. 제가 주목하는 건 이거예요.

쉐보레에서 소나타라는 이름의 차를 팔아도 되는가?

 나이키에서 소나타라는 이름의 신발을 팔아도 되는가?

어떨까요? 팔 수 있을까요? 답은 이렇습니다. 쉐보레에서 소나타 차는 팔 수 없지만, 나이키에서 소나타 신발은 팔 수 있습니다. 즉, 소나타는 자동차에 한해서 브랜드 특허가 걸려 있는 것이지, 세상 모든 것에 대해 걸어놓은 것이 아니라는 겁니다. 그래서 동종업계만 아니라면 브랜드에 특허가 걸려 있어도 그 브랜드명을 쓸 수 있다고 알아두면 됩니다.

대리점이 아니어도 나이키를 팔 수 있는 이유

그럼 특허가 걸려 있는 상품은 전혀 팔 수 없을까요? 아닙니다. 지금부터는 이 부분에 대해 설명하겠습니다. 한국에서 나이키 대리점이 아니지만 나이키 제품을 팔 수 있는 방법은 뭐가 있을까요? 크게 3가지가 있습니다.

① **리셀링**입니다. 즉, 우리나라에서 할인 기간 때 샀다가 정상 가격에 팔거나 덤핑 시장에서 사들이는 방법이 있을 수가 있어요.

② **병행수입**입니다. 예를 들면 미국 월마트 나이키 매장에서 블랙프라이데이 때 가져와서 팔 수 있어요. 이럴 땐 병행수입이란 것과 정품을 샀다는 것만 인증하면 됩니다.

마지막으로 베트남 공장 같은 곳에서 ③ **오버 스탁**◆**을 뒤로 빼돌려서 파는 방법**이 있습니다. 이건 정품일까요, 가품일까요? 가품입니다. 왜냐하면 유통경로가 비정상이기 때문이에요. 이런 건 절대로 팔면 안 됩니다. 정품·병행수입은 진짜 정품만 가지고 팔아야 하는 것이 원칙이라는 것, 굉장히 중요한 내용이니까 꼭 알아두세요.

대리점이 아니어도 나이키 신발을 팔 수 있다?

◆　**오버 스탁** : 불량률을 감안해서 더 제작하는 분량(over stock)을 말해요.

대기업 범용제품 특허는 조심 또 조심!

여기서 중요한 게 하나 더 있습니다. 대기업에서는 생활필수품 많이 팔잖아요? 우리나라 같은 경우 LG생활건강의 제품이 대표적 사례겠네요. 대기업의 범용 제품은 거의 모든 분야에 대해 특허를 걸어놓기 때문에 이때는 좀 조심해야 합니다. 가급적 그 브랜드를 쓰지 않는 것이 좋아요.

자, 그런데 이런 것도 이론만 가지고 판단하면 안 되겠죠? 실제로 특허권, 그 중에서도 상표권을 검색해서 특허 사항이 어떤지, 확인을 하는 것이 당연합니다. 이것을 확인하는 방법에 대해 알려드리겠습니다.

❶ 특허정보검색서비스 키프리스(www.kipris.or.kr)에서 '물주 하사장' 특허를 검색해보겠습니다.
상표 1건이 검색되어 나옵니다. 검색 결과를 눌러보세요.

❷ 다음과 같이 나옵니다. 상품분류가 '11판 35류'로 되어 있습니다. '상표설명/지정상품' 항목을
클릭해볼까요? '35류' 분류는 서비스에 관한 것들인데, 해당 항목에서 '물주 하사장' 브랜드는
쓸 수 없습니다.

이 항목에서는 '물주 하사장'
브랜드 사용 X

③ 여기서 잠깐, 키프리스 사이트 하단의 '특허청' 아이콘을 클릭해서 '특허청 → 지식재산제도 → 분류코드조회 → 상품분류코드'를 보세요.

④ 이번에는 '니스(NICE) 국제상품분류'로 들어가세요. '1~34류'까지는 제품에 대한 분류입니다. '물주 하사장'은 '35류'에 해당되므로 '1~34류'에서는 '물주 하사장' 이름으로 상품을 팔 수 있어요. 악기나 카펫, 커피도 팔 수 있지요. 대신 '35류'에서 쓰면 안 됩니다. '36류' 금융업은 가능하겠네요. 하지만 대기업 상품은 '류' 항목 전체를 특허로 등록하는 경우가 많아 함부로 쓰면 위험합니다.

35류 제외하고 '물주 하사장'
브랜드 사용 OK!

❶ 네이버쇼핑에서 보니 빗자루 중에 '쓰리××'라는 제품이 눈에 들어오더군요. 2만원대에 팔리고 있습니다. 이 제품의 특허 상황을 알아볼까요? 이번에는 키프리스에서 '쓰리××' 특허를 검색하겠습니다. 상표에 1건이 있네요. 클릭해보세요.

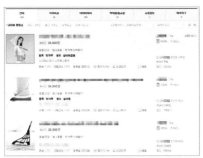

❷ 상품분류가 '21류'임을 확인할 수 있습니다. '쓰리××' 아이콘을 클릭해 들어가서 '등록사항'을 선택해보세요. '21류' 항목은 빗자루, 솔제조용 재료……임을 확인할 수 있습니다. 따라서 빗자루 상품을 판매할 때 '쓰리××'란 이름을 사용하면 특허에 걸리므로 수입을 하면 안 됩니다.

③ 중국 소싱처에 물어보니 원가가 1,000원대더군요. 내가 이 상품을 '쓰리××' 대신 '빗자루'라는 이름으로 팔면 어떨까요? 아마도 일반적인 키워드니까 큰 문제는 없을 듯한데요, 그 전에 디자인 특허가 걸려 있는지 살펴보겠습니다.

'쓰리××' 출원인과 창작자 이름으로 등록된 걸 찾아보니 '양×정'이란 이름으로 디자인 특허를 해놓은 걸 볼 수 있습니다. 이 제품은 '쓰리××' 이름을 피해 '빗자루'라는 이름으로 판매해도 디자인 특허가 걸려서 문제가 발생할 수 있음을 확인했습니다. 결론적으로 수입을 하면 안 되는 제품인 것이지요.

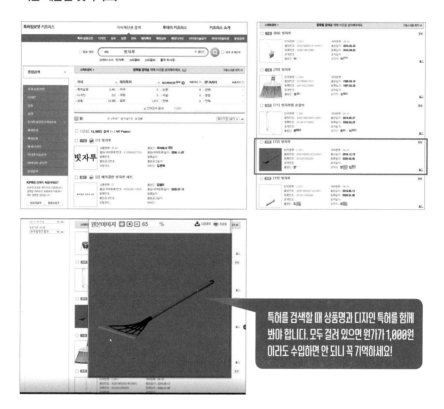

특허를 검색할 때 상품명과 디자인 특허를 함께 봐야 합니다. 모두 걸려 있으면 원가가 1,000원이라도 수입하면 안 되니 꼭 기억하세요!

167

특허 일자에 따라 권리가 달라진다?

몇 년 전 중국에서 소싱해서 인증까지 받은 핸드 선풍기를 판매할 때였습니다. 어느 날 특허를 침해받았다며 한 업체로부터 내용증명을 받았습니다. 이런 경우 겁을 먹고 판매를 중지하는 셀러들이 많을 거예요. 이럴 땐 우선 내용증명을 보낸 업체에게 날짜가 적힌 특허출원서를 달라고 해보세요. 저는 막상 받아보니 제가 인증을 받은 날짜보다 특허를 받은 날짜가 나중이란 걸 알게 되었습니다.

하사장!
당신이 파는 제품, 우리가 특허 냈어요!

· **2019년 8월 15일** : 하사장 핸드선풍기 인증일
· **2019년 8월 17일** : 해당 업체 디자인 특허출원일

그래서 이렇게 말했지요.

당신들이 이렇게 나오면 내가 오히려 특허소송을 낼 수 있다. 하지만 몰라서 그런 듯하고 이마트 같은 큰 업체에 납품하는 것을 보니 그렇게까지 하고 싶지는 않다. 대신 내게 재고가 200개 정도 남았으니 그걸 가져다가 독점으로 팔아라. 그러면 서로 좋지 않겠는가?

만약 제가 특허에 대해 잘 몰랐다면 내용증명만 보고 200개 재고를 그대로 버렸을 것입니다. 특허는 개념 정도는 꼭 잡아두길 바랍니다.

식약처 인증

식약처 인증 후 스마트스토어에 판매하는 법을 동영상으로 확인하세요.

복잡한 인증, 초보가 다 알 필요는 없다!

인증은 수입한 제품을 해당 국가에 팔기 전에 일정한 기준치 이상임을 증명하는 것입니다. 자국민 보호를 위한 것이죠. 인증을 받기 위해 까다로운 검사를 해야 하는 상품도 있습니다. 간단하게 넘어가는 상품도 있고요. 인증 종류가 굉장히 많고 복잡합니다. 여기서 우리 셀러들에게 꼭 필요한 인증만 뽑아서 설명을 드리겠습니다.

인증은 크게 보면 식약처 인증, KC 인증, 어린이제품 안전 인증, 생활화학제품 인증, 소방 인증 등이 있습니다. 이 중에서 가장 중요한 식약처 인증부터 알아보겠습니다.

가장 까다로운 것은 식약처 인증

식약처 인증은 가장 먼저 검토해야 하는 인증입니다. 음식물이 닿는 것이라면 무조건 검사를 받고 수입해야 하는 것이 원칙입니다. 식약처 인증을 받으려면 어떻게 해야 하는지 중요한 것들을 설명하겠습니다.

식약처 검사 대상 - 제조사, 재질, 색상, 제조일자
대행업체 활용하면 시간 절약!

식약처 인증을 위한 검사는 재질별로, 색상별로, 제조일자별로 각각 받아야 합니다. 제조사의 경우 수입자는 기본적으로 수입해오고자 하는 업체의 해외 제조업 등록을 식약처에 해야 하고 수입자도 식약처에 영업 등록증을 받아야 합니다. 교육도 따로 받고 세금도 내야 합니다. 그러나 직접 수입이 아니고 대행업체를 거치면 이 과정을 생략할 수 있습니다.♦ 왜냐하면 수입은 대행업체명으로 이루어지기 때문에 판매자는 판매만 하면 되는 것이지요. 간혹 수입 대행업자가 제품만 중국에서 보내주고 인증은 나 몰라라 하는 곳도 있으니 잘 확인해서 소싱하시기 바랍니다.

인증에 대한 자세한 내용은 물주카페(cafe.naver.com/factorychina2020)에도 올려놓았으니 참고하길 바랍니다.

♦ 초보 셀러들은 인증 과정이 익숙하지 않아서 대행업체를 주로 활용합니다.(예 : 저희 회사 '물주' 같은 곳)

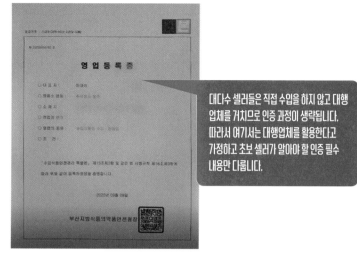

대다수 셀러들은 직접 수입을 하지 않고 대행업체를 거치므로 인증 과정이 생략됩니다. 따라서 여기서는 대행업체를 활용한다고 가정하고 초보 셀러가 알아야 할 인증 필수 내용만 다룹니다.

수입자의 경우 영업등록증 필요

식약처 검사 종류와 방법

검사 종류는 정밀검사와 랜덤검사로 나눌 수 있습니다. 정밀검사는 다시 100kg 이상과 미만으로 나뉘는데요, 랜덤검사는 식약처에서 시행하는 0.1% 범위 내에서 하는 무작위 검사입니다. 검사기간은 1주일 정도 걸립니다.

정밀검사는 100kg 이상이냐 미만이냐에 따라서 절차가 달라집니다. 100kg 이상 검사는 비용이 발생하지만, 다음에 재수입할 때는 통관 절차만 거치면 됩니다.

100kg 미만일 경우에는 최초 정밀검사 후 수입 시 검사비용이 따로 발생하지 않습니다. 그런데 동일 제품을 100kg 이상 수입할 경우 정밀검사를 다시 받아야 합니다. 대신 비용은 발생하지 않습니다. 다만 제품이 일주일 정도 출고가 되지

않으니 참고하시기 바랍니다.

　정밀검사 비용은 제품의 재질에 따라 달라지니 먼저 견적을 받아보는 게 좋습니다. 예측했던 범위 이상으로 비용이 발생하게 되면 다시 계획을 세워야 하니까요.

식약처 검사 주의사항

　식약처 검사 주의사항은 크게 2가지입니다. 한글표시사항을 오자 없이 작성하는 것이 첫 번째이고, 그다음이 인증 상품 수입 서류와 일반 공산품 수입 서류를 분류하는 것입니다. 좀 더 자세히 알아볼까요?

　① 한글표시사항을 제대로 작성해야 한다 : 재질, 제조업체, 수입원, 용도 등을 적습니다. 오자가 있으면 안 되니 주의하세요. 참고로 제조자 정보는 잘 안 보이게 쓰는 걸 추천합니다. 이 정보로 경쟁자들이 소싱처를 알아내기 때문이지요. 그리고 대부분 한국에 들어오기 전에 대행업체나 물류업체에 요청해서 한글표시사항 스티커를 붙입니다. 한국에서 붙이게 되면 인건비 등이 상승하고 통관 속도도 느려지기 때문이에요.

한글표시사항에 오자가 있으면 안 되니 주의하세요. 제조자 정보는 잘 안 보이게 쓰는 걸 추천합니다.

② 인증 제품과 일반 공산품은 수입 서류를 분리하자 : 정밀검사가 필요한 제품은 검사기간이 1주일 정도 걸립니다. 이때 함께 들여온 제품 중 검사가 필요 없는 일반 제품도 1주일간 검사제품과 같이 묶이게 되므로 배송기간이 늦어지거나 업체에 따라 창고비용도 발생할 수 있겠지요. 따라서 식약처 인증이 필요한 제품과 아닌 제품의 서류를 분리해서 들여오면 좋습니다.

스텐컵의 식약처 검사비용은? 약 100만원!

재질에 따라 검사비용 차이가 많이 나기 때문에 사전에 검사비용에 대한 견적을 미리 받아두면 좋습니다. 단, 식약처에서 검사 견적을 받기는 현실적으로 힘들기 때문에, 초보 셀러들은 대부분 구매 대행업체를 통해 검사비용 견적을 받습니다.

스텐컵의 식약처 검사비용을 살펴보도록 하겠습니다. 대행업체에 물어보면 대략 100만원 정도 견적이 나올 것입니다.

컵 바깥은 음식이 닿지 않기 때문에 검사 X
컵 안쪽만 검사비용은 대략 100만원 선
*컵 안쪽은 스테인리스 – 검사 O
*뚜껑 윗면은 PP – 검사 O
*패킹은 실리콘 – 검사 O

Tip 합법적으로 인증 절차 건너뛰는 법

해당 제품설명서에 적힌 제조사를 인터넷으로 조사하여 업체정보를 얻은 후 식약처에 해외 제조업 등록을 확인합니다. 만약 해외 제조업 등록이 되어 있으면 공장에 연락해서 이 제품을 한국으로 보낸 적 있느냐고 확인하고 한글표시사항 수정 후 수입하면 됩니다. 이것이 합법적인 방법입니다. 수입한 곳에서는 공장정보를 숨기기 위해 다르게 기입할 수도 있어요.(예 : highschool → 하이스쿨 중국어를 그냥 들리는 대로 적어도 됩니다.) 이런 점을 감안해서 찾아보세요.

이렇게 시중에 제품이 있다는 것은, 제조공장은 해외 제조업 등록이 되어 있다는 것이고, 이전 수입자가 식약처 검사를 받았다는 증거, 즉 이미 인증 절차가 완성되었다는 뜻이겠지요. 관세사 측에 이런 상황을 전달해서 수입하면 검사 비용 없이 해결 가능합니다. 이 제품을 소싱한 업체는 인증을 위해 100만원을 투자했지만 이렇게 정보를 이용당할 여지가 있다는 것을 인식해야 합니다. 이것을 막기 위해서 제조사 정보를 최대한 숨길 필요가 있는 거예요.

이미 인증받은 제품을 소싱하면 인증 절차 생략!

KC 인증

27

KC 인증의 종류 - 안전 인증, 전파 인증

KC 인증은 전기제품에 들어가는 것으로 크게 안전 인증과 전파 인증, 2개로 나뉩니다.

안전 인증은 높은 전압이 바로 들어가서 감전·화재 위험이 있는 제품에 해당합니다. 이런 제품들은 공장 인증까지 다 받아야 합니다. 중국에 파견을 간 주재원들이 공장까지 방문해서 공장 인증까지 해야 합니다. 그래서 비용이 엄청 높습니다. 기본 500만원 이상이라고 보면 됩니다.

그리고 전파 인증은 모터가 달렸거나, 회로가 있는 거의 모든 제품에 해당됩니다. 인증받는 방법은 일반적인 경우에 제품 샘플 3~5개가 필요하고, 검사기간은 3주, 비용이 100만~150만원 정도 나옵니다.

그리고 어댑터, 드라이어, 고데기 등은 안전 인증과 전파 인증을 동시에 받아야 하니 1381 국가기술표준원에 먼저 확인하는 것도 좋은 방법입니다.

1381 국가기술표준원(www.1381call.kr)

인증이 필요한 드라이어

인증이 필요한 어린이 제품

KC 인증 절차를 저렴하고 빠르게 하는 법

KC 인증 절차도 합법적으로 인증을 피하는 방법이 있습니다. 만약 소싱하고자 하는 중국 제품이 미국 등에 수출 목적으로 해당 국가의 인증을 받았다면 어떨까요?

해당 국가 인증서를 대행업체에게 전달하면 이런 경우에는 시험성적서와 인증비 30만~40만원이면 1박 2일 만에 인증서가 나옵니다. 그리고 제품에 대한 시험방식이 90% 정도 일치한다면 위와 같은 방법으로 인증 진행이 가능합니다.

인증 과정에서 대다수 셀러들이 대행업체를 활용하는데요, 항상 변수는 존재하는 법! 대행업체라 해서 이 모든 단계를 쉽게 처리하는 건 아니고, 믿을 수 있는 곳에 인증 절차를 맡겨야 실패가 없으니 유의하세요.

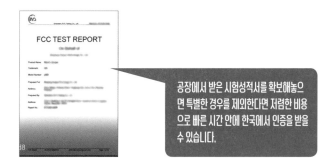

공장에서 받은 시험성적서를 확보해놓으면 특별한 경우를 제외한다면 저렴한 비용으로 빠른 시간 안에 한국에서 인증을 받을 수 있습니다.

인증이 필요 없는 전기제품 - 5V 이하 제품

참고로 인증을 안 해도 되는 전기제품은 5V 이하 ON/OFF만 되는 제품, 즉 스

탠드 같은 것들입니다. 소싱할 때 참고하세요. 충전 기능이 있으면 인증을 받아
야 합니다.

인증이 필요 없는 5V 이하 조명 제품

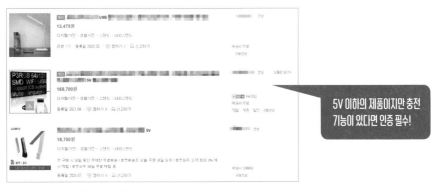

인증이 필요 없는 5V 이하 조명 제품

어린이 인증

어린이 인증 - 만 13세 미만 어린이 제품은 필수!

만 13세 미만 어린이 사용할 수 있는 '모든' 제품은 다 어린이 제품 안전 인증을 받아야 합니다. 우리 주변에 엄청 많죠? 장난감, 교구, 옷, 기타 등등 굉장히 범위가 넓습니다. 이 인증도 필수이기 때문에 반드시 사전에 확인하고 인증을 받아야 합니다.

어린이 인증이 필요한 제품들

어린이, 성인 공용 제품의 경우는?
'14세 이상 사용' 표기하면 인증 패스!

어린이도 쓰긴 하는데, 성인도 쓰는 제품인 경우에는 어떻게 해야 할까요? 100% 어린이들이 쓰지 않을 애매한 제품의 경우에는, 아예 '14세 이상 사용'이라고 제품에 붙여놓으면 인증 없이 통관이 가능합니다.

단, 여기서도 주의할 점이 있는데 누가 봐도 아이들이 훨씬 많이 쓰는 제품을 14세 이상이라고 하면 절대 안 되겠지요? 소위 상식적인 범위에서 14세 이상도 많이 쓰는 제품이어야만 이렇게 할 수 있고, 그렇지 않으면 반드시 어린이 제품 안전 인증을 받아야 한다는 점, 잊지 마세요.

14세 이상 사용 제품은
어린이 인증 패스!

14세 이상 사용 표기한 상품 사진

❶ 관심 상품 검색하기 : 최근에 어린이 장난감 중 '버블건'이 유행인데요, 네이버에서도 인기리에 판매되고 있습니다.

❷ 인증번호 확인하기 : 제품은 인증 정보를 꼭 기입해야 하는데, 해당 상품은 다음과 같이 기입을 해놓았습니다. 여기서 KC 인증 '×××건 CB065R1075-××××' 인증번호를 어디서 받았고 어떤 회사에서 소싱했는지 등을 확인해보겠습니다.

> KC 인증번호인 CB065R1075-XXXX을 어디서 받았고 어떤 회사에서 소싱을 했는지 확인해보겠습니다. 참고로 이 제품은 전파 인증, 배터리 인증까지 함께 받았습니다.

❸ 제품안전정보센터 검색하기 : 제품안전정보센터(www.safetykorea.kr)에 접속한 후 인증정보 검색 아이콘을 클릭합니다. 검색창이 뜨면 인증번호를 입력하고 검색 버튼을 누릅니다. 결과가 하단에 나오는데요, '바람××비눗방울'을 클릭합니다.

❹ 제조사 정보 확인하기 : 인증기관, 인증일자, 제조사 정보 등을 확인할 수 있는 화면이 뜹니다. 구글에 검색해서 홈페이지에 들어가봅니다. 공급업체에서 제조해서 수출한 제품인지 상품 이미지를 캡처에서 문의해보세요.

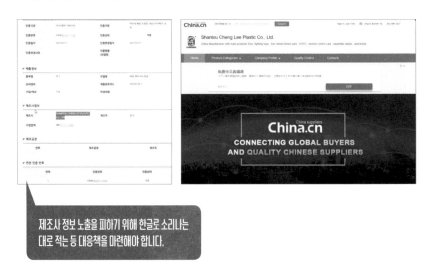

제조사 정보 노출을 피하기 위해 한글로 소리나는 대로 적는 등 대응책을 마련해야 합니다.

⑤ 인증기관에 병행수입 신청하기 : **공급업체가 맞다면 인증을 내준 인증기관에 병행수입 신청을 요청합니다.**

인증기관에서 이 제품이 공급업체 것이 맞는지 물어보면 해당 업체에 물건을 보내달라고 하고 이들과 소통한 내용과 송장 번호 등을 첨부해서 보여주면 동일공장에서 나온 동일제품임을 인지하고 인증을 내줍니다.
주의할 것은 '판매시 병행 수입' 표기를 꼭 해야 한다는 점이에요. 장난감뿐만 아니라 모든 제품에 해당됩니다.

29

생활화학제품 인증, 소방 인증

2020년부터 강화된 생활화학제품 인증

이번에는 생활화학제품 인증에 대해 알아보겠습니다. 2020년 7월부터 생활화학제품 인증에 대한 법이 강화되었는데, 향기 제품, 세척 제품, 본드, 기타 액체류 등 이런 제품에 대해서는 강화된 인증을 거쳐서 통관이 되게끔 법령이 개정되었습니다. 최근 변경된 사항이 많아서 대행업체에서도 자세한 사항을 공유하고 있지 못한 상태이므로 개별적으로 조사가 필요합니다. 초보자들이 쉽게 진행하기 어려운 품목이니 참고하시길 바랍니다.

한국에서 다시 인증을 받고 판매를 시작하면 시간과 돈을 투자해야 합니다. 따라서 소싱 단계에서 아예 인증 여부를 확인하고 진행해야 합니다.

생활화학제품 인증한 상품 사진

소방 인증 - 인증비용

화재, 안전상 문제가 있을 수 있는 제품에 대해서 대해서는 소방 인증을 받으라는 것이 원칙입니다. 공장 인증을 받아야 하는 것도 있지만 애매한 것들도 있으니까 확인을 잘 해야 합니다. 예를 들면 토치와 버너가 있습니다. 둘 다 불을 일으키는 거라 소방 인증이 필요한 거 아니냐고 생각할 수 있는데요, 인증에 있어 큰 차이가 있습니다.

결론적으로 토치는 인증이 필요 없고, 버너는 인증이 필요합니다. 더 무서운 건 인증비용이 고가이고, 공장 인증까지 받아야 하기 때문에 많이 까다롭죠. 이런 걸 모르면 나중에 큰 손해를 볼 수 있기 때문에 굉장히 주의해야 합니다.

가스토치 캠핑토치 모음전
광고ⓘ 7,200원
스포츠/레저 > 캠핑 > 취사용품 > 기타취사용품
4시이전 결제 주문시 당일 출고 배송이 원칙입니다 ♩♩
리뷰 4,342 · 구매건수 3,451 · 등록일 2019.11. · ♡ 찜하기 558 · 🔊 신고하기   💬 톡톡

정보
🏅 빅파워 · 굿서비스

💳 포인트 216원
배송비 2,500원
할인 구매정보

부탄 자동 휴대용 가스토치
광고ⓘ 9,500원
스포츠/레저 > 캠핑 > 취사용품 > 기타취사용품
5만원 이상 할인쿠폰 증정! 대량구매 문의
구매건수 4 · 등록일 2018.11. · ♡ 찜하기 0 · 🔊 신고하기   💬 톡톡

정보
🏅 빅파워 · 굿서비스

💳 포인트
배송비 3,000원
구매정보

토치는 인증 필수 ✕

가스토치
광고ⓘ 6,500원
스포츠/레저 > 캠핑 > 취사용품 > 기타취사용품
종류 : 가스토치, 기타
리뷰 649 · 구매건수 1,053 · 등록일 2020.08. · ♡ 찜하기 286 · 🔊 신고하기   💬 톡톡

정보
🏅 파워

💳 포인트 195원
배송비 2,500원 오늘출발
할인 구매정보

인증이 필요 없는 토치 제품

소방 인증한 상품 사진

버너는 인증 필수!

186

수도 인증

30

수도, 샤워기, 조리수, 수전, 필터 등
수도제품은 '물기술인증원' 공고 확인 필수!

수도 관련 제품은 인체에 직접적인 영향을 끼치는 물과 관련되어서 최근 법령이 더 강화되었습니다. 따라서 수도제품 판매자들은 '물기술인증원(kiwatec. or.kr)' 공고를 반드시 확인해야 합니다.

물기술인증원 홈페이지(kiwatec.or.kr)

수도 인증한 상품 사진

총 800만원 넘는 인증비용 발생으로 진입장벽 UP!

최근 수입용과 내수용 수도 제품 모두 KC 안전 인증 절차를 받아야 한다는 공고를 게시한 적이 있습니다. 그 내용을 살펴보면 공장 심사비용까지 받아야 한다는 내용과 국내 공장의 경우 1.5리터 물이 용출되고 15개의 시료가 필요하다는 점이 눈에 띕니다. 이때 국내 인증비용은 약 200만~250만원 정도이며 공장 심사비용이 500만원 이상 추가되어 총 800만원 이상의 인증비용이 발생합니다. 따라서 일반 셀러가 접근하기 어려운 제품이 되었습니다. 이 점 참고하길 바랍니다.

출처 : 물기술인증원 홈페이지(kiwatec.or.kr)

중국 도매 사이트의 상세페이지를 그대로 사용하려면?

중국 상품을 소싱해서 온라인에 등록하려고 할 때 제품 촬영부터 상세페이지 제작, 그리고 배송과 CS까지 하려면 시간이 촉박합니다. 그중에서도 썸네일과 상세페이지는 투자가 필요한데요. 그래서 대부분 중국 도매 사이트 이미지를 사용하는 분들이 많습니다.

중국 도매 사이트 상세페이지를 네이버에 가져와 사용한 사례

중국 도매 사이트 이미지 사용하면 안 되는 경우

그런데 그대로 가져와서 써도 문제가 없을까요? 정답은 가능한 게 있고 불가능한 게 있습니다. 의류는 한국 패션이 더 인기가 많기 때문에 한국 스타일을 중국에서 많이 따라하고 있습니다. 그래서 오히려 한국 제품 사진을 중국에서 쓰는 경우가 많은데요. 다음의 상세페이지 이미지를 보면 아스팔트에 한국 글씨가 보입니다. 이런 건 절대 가져와 쓰면 안 됩니다.

중국 상세페이지에 한국 글씨가 보이면 무조건 패스!

그 외 공산품 중 디자인권이나 상표권 이슈가 없는 제품은 써도 됩니다. 중국은 서로 카피를 많이 하고 상대방의 상세페이지를 사용한다고 해서 특별히 제재하는 분위기도 아닙니다. 다음과 같이 1688에 사진 검색만 해봐도 동일 제품이 많이 보입니다.

그래도 내 상품의 경쟁력을 가지려면 썸네일 정도는 직접 촬영하거나 포토샵을 사용하여 나만의 색깔을 입히는 게 좋습니다. 그리고 상세페이지 상단이나 하단에 고객에게 전달하는 메시지 정도는 직접 추가로 작성하는 게 더 좋습니다. 만약 상세페이지 제작이 힘들다면 제품이 팔리는 것을 확인한 후 직접 만들어보는 것을 추천합니다.

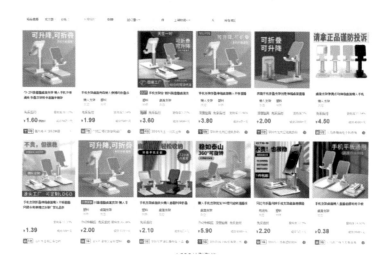

초보 셀러가 꼭 알아야 할 통관 절차

인천세관 보세구역에서 컨테이너 단위로 물류 작업하는 현장을 동영상으로 확인할 수 있습니다.

통관비용을 알아야 원가를 안다!

통관이라는 것을 쉽게 이야기하면, 한 국가에서 다른 국가로 재화가 이동하는 것을 말합니다.

중국에서 10위안짜리 제품을 소싱해서 한국에 있는 나에게 오기까지 대행업체, 세관, 물류회사 등을 거칩니다. 여기서 얼마나 비용과 세금이 붙어서 들어오는지 알아야 원가를 파악할 수 있습니다. 그래서 셀러들은 통관 관련 법과 비용에 관한 최소한의 지식이 있으면 통관 절차를 이해하는 데 좀 더 수월하겠죠.

이번에는 통관 절차가 어떻게 이루어지는지를 알아보고, 통관 방식에는 무엇이 있는지, 나에게 유리한 통관 방식은 무엇인지도 알아보겠습니다.

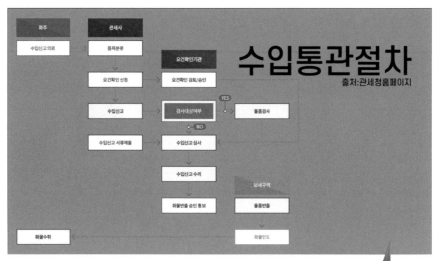

통관을 알아야 제대로 된
원가를 계산할 수 있다.

통관 절차 이해하기

통관 절차를 알려면 일단 이해관계자를 알아야 합니다. 셀러와 소싱처 사이의 이해관계자에는 다양한 업체가 있습니다. 이해관계자가 불필요한 비용을 청구하면 원가에 반영되고 마진은 낮아지겠지요? 자세한 내용은 다음 페이지를 자세히 살펴보시기 바랍니다.

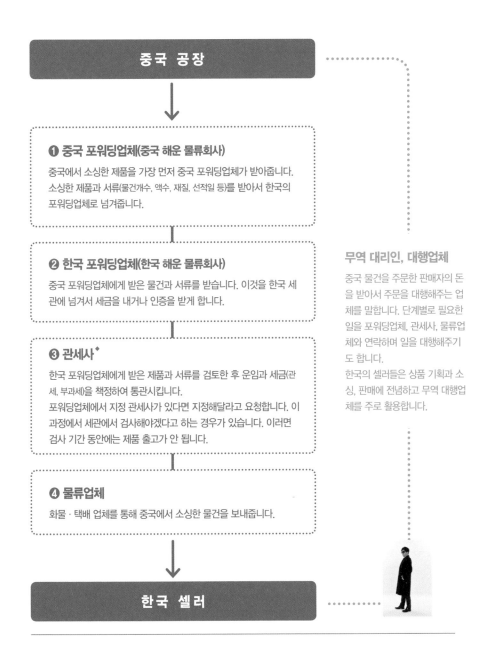

중 국 공 장

❶ 중국 포워딩업체(중국 해운 물류회사)

중국에서 소싱한 제품을 가장 먼저 중국 포워딩업체가 받아줍니다. 소싱한 제품과 서류(물건개수, 액수, 재질, 선적일 등)를 받아서 한국의 포워딩업체로 넘겨줍니다.

❷ 한국 포워딩업체(한국 해운 물류회사)

중국 포워딩업체에게 받은 물건과 서류를 받습니다. 이것을 한국 세관에 넘겨서 세금을 내거나 인증을 받게 합니다.

❸ 관세사 ◆

한국 포워딩업체에게 받은 제품과 서류를 검토한 후 운임과 세금(관세, 부과세)을 책정하여 통관시킵니다.
포워딩업체에서 지정 관세사가 있다면 지정해달라고 요청합니다. 이 과정에서 세관에서 검사해야겠다고 하는 경우가 있습니다. 이러면 검사 기간 동안에는 제품 출고가 안 됩니다.

❹ 물류업체

화물 · 택배 업체를 통해 중국에서 소싱한 물건을 보내줍니다.

한 국 셀 러

무역 대리인, 대행업체

중국 물건을 주문한 판매자의 돈을 받아서 주문을 대행해주는 업체를 말합니다. 단계별로 필요한 일을 포워딩업체, 관세사, 물류업체와 연락하며 일을 대행해주기도 합니다.
한국의 셀러들은 상품 기획과 소싱, 판매에 전념하고 무역 대행업체를 주로 활용합니다.

◆　**관세사** : 세관과 응대하여 제품의 통관을 돕는 업체를 말합니다.

제품 수령 일정은 7~10일 소요(주문 후 업체에서 바로 보낼 경우)

통관에서 중요한 것 중 하나는 일정입니다. 컨테이너 작업의 경우에는 FCL[◆]은 대부분 해당사항은 없을 거고, 몇 박스 정도(LCL^{◆◆})를 화주 몇 명(10~20명)이 나눠서 가져가는 식입니다. 보통 한국으로 들어오는 컨테이너는 중국, 인천과 가까운 곳인 위해나 연태, 청도 등에서 많이 옵니다. 제가 운영하는 물주의 경우 이우 시장에서 보내는 컨테이너를 기준으로 할 때 토요일에 컨테이너를 구성하면 → 연태 쪽에서 일요일에 선적하여 월요일에 한국에 입항합니다. → 세관에서 별 문제가 없다면 화~수요일경 통관이 됩니다. → 물류업체가 받아서 화주(셀러)가 수~목요일 정도에 제품을 받을 수 있다는 결론에 도달합니다.

이런 스케줄이라면 공장에서 물건을 받은 후 1주일 정도면 도착한다는 것이지요. 평일에 선적한다고 하더라도 주말에는 세관 휴무이므로, 평일에 보낸다고 해도 별 차이 없습니다. 그래서 주말에 보내는 것을 선호합니다.

통관의 방식 − 사업자 통관, 간이 통관

그럼, 통관 방식에는 어떤 것들이 있는지도 알아보겠습니다. 통관 방식은 크게 사업자 통관과 간이 통관이 있는데요, 대략적인 차이 정도만 설명하겠습니다.

❶ 사업자 통관(물건이 많을 때)은 내 사업자 정보를 세관에 넣어주고, 인천세관에 관부가세 납부(내가 화주)를 해야 하며, 일정 규모 이상의 사업체에 해당되고

◆　　FCL(Full Container Load) : 컨테이너 1개를 한 사람의 화주를 위한 물건으로만 채우는 경우를 말합니다.

◆◆　LCL(Less than Container Load) : 컨테이너 1개를 다수의 화주를 위한 물건으로 채우는 경우를 말합니다.

수입 관련 지식(인증, 특허)에 대한 책임을 져야 합니다. 물량이 적어도 기본 물량으로 1CBM*이면 물류비 8만원, 관세사 수수료 3.3만원, 물류회사 비용 2.2만원 해서 13.5만원을 기본으로 깔고 가는 것이고요. 물량이 적을 때는 13.5만원을 깔고 가기 때문에 사업자 통관이 불리합니다. 3~4CBM 이상일 경우에만 사업자 통관이 유리합니다. 해운업체의 운임은 업체마다 차이가 크기 때문에 먼저 비용을 확인하고 진행하면 좋습니다. 나중에 이상한 경비 등 옵션이 붙어서 배보다 배꼽이 커지는 상황도 간혹 있습니다.

❷ **간이 통관**(물건이 적을 때)은 간단하게 말하면 물주 같은 대행업체에 통관하는 겁니다. 이 구매 대행업체 앞으로 물건이 들어와서, 대행업체가 그 사람이 물건을 파는 식으로 각종 서류가 꾸려집니다. 물량이 적을 때 유리합니다. 여기에 관세사 수수료, 물류회사 charge, 운임, 기본료가 있습니다.(택시 기본요금이라고 생각하면 이해가 편함) 부수적인 비용이 들기 때문에 물량이 적을 때 유리하지요. 간이 통관도 배송대행 업체마다 다르기 때문에 견적을 받아서 검토해봐야 합니다. 앞단(물건을 사서 보내만 주는)만 취급하는 업체도 있고, 뒷단(인증, 검사를 포함한 모든 통관 과정)까지 다해주는 업체도 있습니다. 단가 기준도 잘 봐야 합니다.

앞단만 해주는 업체의 경우에는 인증이 필요한지 아닌지 관심이 없습니다. 그냥 보내버리면 끝이지요. 이럴 때 인증, 검사는 화주가 알아서 해야 합니다. 셀러 입장에서 이걸 모르면 나중에 엄청 번거로워지지요. 뒷단까지 하는 업체

◆　**CBM** : 3제곱 미터라고 보면 됩니다. 가로 × 세로 × 높이 = 1m x 1m x 1m = 1CBM

중에 물류비에 이상한 항목을 다 붙여서 엄청 비싼 가격을 부르는 업체도 있습니다.(실제로 10만원이면 될 걸 20만원을 부르는 업체 있음)

간이 통관을 위해 대행업체를 잘못 선택할 경우 돈을 안 주면 물건을 안 주기 때문에, 벌어진 다음에 수습할 수 없게 됩니다. 그래서 사전에 대행업체를 선정할 때 미리 꼼꼼하게 잘 챙겨야 합니다.

간이 통관 시 좋은 대행업체를 선택해야 비용 절감!

초보 셀러가 꼭 알아야 할 원가

32

위탁에서 소싱(사입)을 시작한 20대 젊은 사장님들의 원가 고민과 업무 동영상을 엿볼 수 있습니다.

원가 계산하기

지금까지 소싱하는 과정과 비용을 살펴봤습니다. 그러면 원가 계산이 어느 정도 되는지 살펴봅시다.

다음 페이지를 보면 원가 계산 단계가 나와 있습니다. 여기서 ① 제품 가격과 ② 중국 내륙 물류비는 각각 환율과 업체에 따라 달라지므로 ③ 해운 물류비부터 살펴보도록 하겠습니다.

③ 해운 물류비

CBM은 가로 × 세로 × 높이가 각각 1m인 박스를 1CBM이라고 부르는데 보통 1CBM을 중국에서 보내는 비용이 6.5만원~8만원 사이입니다. 금액은 따지고 보면 큰 차이 없고, 오히려 국내 택배비가 더 듭니다.

❶ 제품 가격 x 환율(송금환율)

+

❷ 중국 내륙 물류비(본인 부담하는 업체도 있음)

+

❸ 해운 물류비

+

❹ 관세, 부가세

+

❺ 무역대행업체 수수료(10% 내외)

+

❻ 관세사 수수료

+

❼ 창고비, 청소비(물류업체마다 다르다)

+

❽ 국내 내륙 물류비

+

❾ 물류회사 charge

최종원가

④ 관세, 부가세

관세의 경우 일반 공산품은 기본 8%라고 알고 있으면 됩니다. 의류의 관세는 13%입니다. 원산지증명서를 첨부하면 한중FTA 등을 적용받을 수 있습니다. 서류 비용이 들긴 하지만 필요한 과정이네요.

⑤ 무역대행업체 수수료

여기서 무역대행업체 수수료도 잘 살펴봐야 합니다. 업체별로 천차만별이기 때문에 믿을 수 있는 업체와 일하는 게 중요합니다.

원산지증명서가 있어야 FTA 적용을 받을 수 있습니다.

■ 무역대행업체 체크리스트 ■

☐　1 | 어디서부터 어디까지인지? 관·부가세까지 다한 것의 10%인가?

　　　(계약 시 10% 기준이 무엇인지 체크하자! 제품 원가 기준? or 총 비용 기준?)

　　　(세율이 너무 쌀 경우 물류비 비용 견적서 따로 받을 것! 바가지 쓸 위험 높다.)

☐　2 | 제품 가격 10% 수수료인가?

　　　(계산해보면 결국 10%가 아닌 경우가 훨씬 많다.)

☐　3 | 업체마다 계산 로직이 다르니 확인해봐야 한다.

---

⑥관세사 수수료는 관세사에 통관 의뢰한 경우 붙고 ⑦ 창고비, 청소비는 물류업체마다 다르게 책정됩니다. ⑧ 국내 내륙 물류비와 ⑨ 물류회사 charge는 시가로 결정됩니다.

지금까지 통관에 대한 절차와 방법 등에 대해서 알아봤습니다. 다음 장에서는 통관할 때 비용을 어떻게 하면 절감할 수 있는지에 대해서 설명해드리겠습니다.

통관 시 관세를 절약하는 방법

33

(feat. FTA 자유무역협정)

관세를 알려면 무역협정을 알아야 한다

통관할 때 비용을 절감할 수 있는 방법은 여러 가지가 있지만 가장 대표적인 게 관세를 절약하는 것입니다.

관세란 나라에서 나라로 물건이 넘어갈 때 세금을 부과하는 것을 말합니다. 부가세는 자국 내에서만 유통되는 물건에 대해 부과하는 세금이며 10% 정도 매깁니다.

관세와 아주 밀접한 영향이 있는 것이 바로 무역협정입니다. 무역협정이란 나라 간 무역에 대한 일반적인 원칙을 정해놓은 것입니다. 국가 간 상품이 오고 갈 때 이동 방법은 어떻게 하고, 관세는 어떻게 할지 등을 정해놓지요.

무역협정을 맺는 이유는 자국의 제품을 보호하기 위해서입니다. 한국에서 옥수수 농사가 잘됐다고 가정해보겠습니다. 그런데, 갑자기 원가가 싼 옥수수가 중국에서 대량으로 들어온다면 어떻게 될까요? 한국의 옥수수 산업은 굉장히 큰 타격을 입게 되겠죠. 만약 옥수수에 관세를 200% 부과한다면, 제품이 100원이라고 가정했을 때 관세가 200원, 합하면 300원 이렇게 해서 해외에서 들어오는 물품에 대해 관세를 부과해서 원가가 높아지면, 그만큼 자국 상품의 경쟁력이 확보되겠지요.

FTA는 모든 셀러에게 유리할까?

일반적인 무역협정은 자국의 상품을 보호하기 위해서 맺지만, 이와 별개로 국가 간 무역을 더 활성화시키기 위해서 맺을 수가 있어요. 그게 바로 FTA(Free Trade Agreement), 말 그대로 자유무역협정입니다.

FTA가 체결된 품목은 셀러들이 저렴한 비용으로 상품을 들여올 수 있는 상황이 되는 거죠. 그래서 FTA 체결 내용도 잘 알고 있어야 합니다.

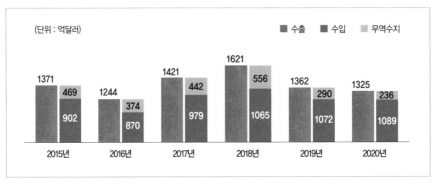

대중 수출입 규모(출처 : 관세청 수출입무역통계)

관세율을 알 수 있는 HS 코드

HS 코드란 국가 간에 상품을 교류할 때 상품의 종류를 분류한 코드입니다. 중요한 건 이 코드 분류 기준에 따라 관세율이 달라진다는 것이지요. 어떤 제품은 8%, 어떤 제품은 200% 이렇게 코드에 따라 관세율이 정해지기 때문에 어떤 제품을 수입할 때는 반드시 HS 코드를 찾아보고 관세가 얼마인지를 확인해두어야 합니다. 간혹 셀러분들은 통관업체에 관세를 적게 받을 수 있는 HS 코드를 문의한 후 적용하는 경우가 있습니다. 초보 셀러들은 우선 '이런 게 있구나' 정도로 넘어가길 바랍니다.

청바지의 HS 코드 사례

깔끔한 서류 구비 필수! - 탈세, 오해의 여지를 주지 말자!

어떤 경우라도 관·부가세를 줄이기 위해 제품 원가를 서류상으로 조작하는

◆ HS 코드(Harmonized Commodity Description and Coding System) : 국가 간 무역 거래의 대상이 되는 상품을 총괄적으로 분류한 국제 통일 품목 분류 코드를 말합니다.

행위는 하지 않아야 합니다. 예를 들어 제품 가격을 낮추면 관·부가세 작아지는데, 이러면 탈세로 간주하므로 절대 해서는 안 되는 일입니다.

그리고 거래량이 많아지면 국세청에 자연스럽게 포착됩니다. 기입을 제대로 하지 않으면 수사가 들어올 수 있습니다. 그리고 관세가 아예 없는 제품의 경우, 원가를 올려버리면 관세는 없고 부가세만 나오는데, 매입 부가세를 올리기 위해 원가를 올려버리는 경우 나중에 종합소득세 등 세금을 줄일 목적으로 하는 경우가 있습니다. 이것도 불법입니다. 이 경우는 원가를 낮추는 것보다 더 크게 처벌받기 때문에 조심해야 합니다.

❶ 관세법령정보포털(unipass.customs.go.kr/clip/index.do)에 들어가서 내가 수입하려는 슬리퍼의 HS 코드를 알아보도록 하겠습니다. '세번 · 상품검색'에 'slippers'를 입력합니다. 기본세율이 13%임을 확인할 수 있습니다.

❷ '실내화' 글자를 클릭해 들어가면 HS 코드를 확인할 수 있습니다. 품목번호라고 적힌 6404-19-1000, 6406-20-1000 등 코드가 결과로 나옵니다.

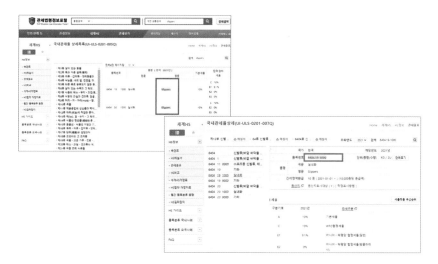

❸ '관세구분' 항목 아래로 내려가면 FTA 협정세율을 확인할 수 있습니다. 이 제품의 경우 중국 FTA 협정세율이 3.9%임을 확인할 수 있습니다.

FTA 적용 제품, 원산지증명원 추가하면 관세 줄인다!

FTA 무역협정에 적용되는 제품의 경우 원산지 표시와 원산지표시증명서를 첨부하면 관세를 할인받을 수 있습니다. 슬리퍼의 경우 일반 관세는 13%인데, FTA 협정 세율이 3.9%이므로 거의 10% 가까이 할인받게 되지요.

관세를 절약하는 방법에 대해 간단히 설명했습니다. 초보 셀러분들은 여기에 너무 많은 시간을 투자하기보다는 상품을 발굴하고 소싱하는 데 집중하길 바랍니다.

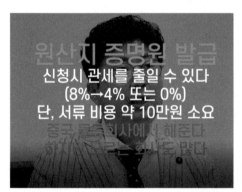

원산지증명서

셀러는 어떻게 성장하는가?

34

판매자 → 도매업자 → 소싱업자(무역업자)

신용불량자에서 50억 매출을 일군 오박사닷컴 대표님의 인터뷰와 라이브커머스 동영상입니다.

이번 시간에는 셀러들이 단계별로 어떤 역할을 해야 하는지 알아보고, 좀 더 성장하기 위해서 어떤 경로가 바람직한지에 대해 알아보도록 하겠습니다.

제가 구분한 셀러의 기준은 1단계 판매자 → 2단계 도매업자 → 3단계 소싱업자(무역업자)인데요, 저는 3단계에 해당되겠지요. 각 단계에서 필요한 자질과 역량에 대해 이야기해보겠습니다.

| 1단계 셀러 | 판매자 포지션

판매는 1회성으로 끝나면 안 됩니다. 하지만 판매를 하다보면 계속 쳇바퀴 돌 듯 똑같은 일을 해야 합니다. '제품 서칭 → 샘플 확인 → 소싱 → 상세페이지 → 광고 → 상위노출' 이런 일들의 무한반복이지요. 어떤 상품이라도 히트를 치

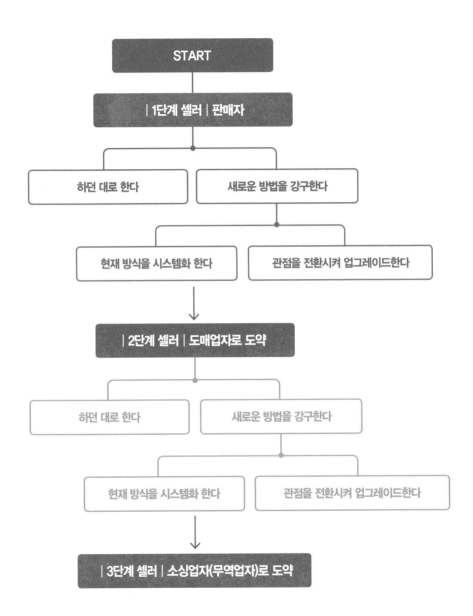

면, 바로 후발주자가 나타납니다. 아무리 내가 선발주자라도 경쟁자들이 끼어들면 피곤해지고 신경을 많이 써야겠지요. 물론 브랜드가 있다고 하더라도 경쟁의 강도를 조금 낮출 뿐, 경쟁과 가격 하락의 속도를 막기가 힘듭니다.

따라서 어느 정도 제품이 시장에 깔리고 인기를 얻기 시작하면 내 포지션을 조금 바꿀 필요가 있습니다.

판매자들은 너무 온라인만 파지 말자

판매자로서 같은 일을 반복해서 잘하는 것은 중요합니다. 그러나 성장에 분명 한계를 느끼고 확장을 생각할 때 하는 일은 판매 채널을 늘리는 정도일 거예요. 스마트스토어를 하다가 쿠팡이나 옥션, 지마켓, 11번가 등으로 확장하거나, 마켓MD를 만나서 프로모션을 진행한다든지 이 정도가 될 수 있겠지요.

여기서 잠깐! 여러분은 온라인만이 시장의 전부가 아니라는 것을 알아야 합니다. 도약을 위해서는 전시회, 박람회든 오프라인 기반의 상점을 열든 내가 할 수 있는 범위의 모든 행동을 취해야 하지요. 머뭇거리면 '그때 성장했어야 하는데' 하는 아쉬움이 분명히 남을 거예요. 설령 하다가 망하더라도 후회는 없어야 겠지요. 내가 주저할 때 누군가는 시도해서 유의미한 성과를 냈을 것이고, 시장

뭔가 있으면 항상 실행에 옮겼습니다

맨땅에서 시작한 박형문 대표.
지금은 월매출 1억 5,000만원으로
승승장구하고 있습니다.

은 계속해서 흘러가고 있습니다. 시도해야 합니다. 결국 처음 마인드셋에서 이야기했던 '실행'에 대한 부분을 다시 말씀드릴 수밖에 없는 이유입니다.

| 2단계 셀러 | 도매업자 포지션

내가 팔던 물건을 셀러에게 소개해보자

처음에 초보 셀러로 위탁 판매를 진행했을 때는 도매상에서 물건을 가져왔을 겁니다. 그리고 어떤 방식으로든 한 단계든, 두 단계든 유통 과정을 거쳐서 왔겠지요. 지금 여러분이 이 정도 포지션이라면 다음 단계를 구상해봐야 합니다.

이 상태에서 여러분이 선택할 수 있는 방향은 2가지입니다. 일단은 하던 대로 한다. 아니면 다른 방법을 강구한다. 다른 방법으로 한다고 선택한 분들은 다시 둘로 나눌 수 있습니다. 현재 방식을 시스템화해서 좀 더 잘할 것인가? 아니면, 뭔가 관점의 전환을 통해서 업그레이드 할 것인가?

현재 방식을 좀 더 잘하는 방법이 바로 〈1단계 셀러〉인 판매자로서의 행위겠지요. 그리고 관점 전환을 통한 업그레이드는 〈2단계 셀러〉인 도매상으로서 도약하는 것입니다. 도매상의 첫걸음은 내 제품을 소매자가 아닌 다른 셀러에게 판매할 때부터 시작합니다.

판매자는 10개 팔고 10번 응대하지만
도매상은 100개 팔고 1번 응대한다

판매자는 하루에 10개 팔면서 10번 다 응대해야 하지만 도매상은 하루 1번

웅대로 100개 이상 팔 수 있습니다. 건수는 1번에 그치더라도 수량은 많아지는 것이지요. 도매상으로 거듭나는 순간부터 '제품'이 아닌 '사람'이 주가 되어야 합니다. 사람과 만나서 회의를 하고 식사를 하고 차를 마시며 관계를 돈독히 해야 합니다. 일단 거래처가 되면, 꼭 한 번은 업체를 방문하세요. 그게 바로 거래처 관리의 시작이라고 생각합니다.

앞에서도 말한 바 있는데 저는 20만원 수금 때문에 일본 오사카 거래처를 다녀왔습니다. 인연이 중요했기 때문입니다. 나중에 그분은 저에게 많은 사람들을 소개해주었고, '창업 다마고치'님도 이 인연으로 시작해서 맺어졌습니다. 그리고 더 소중한 인연으로 이어졌고요.

이렇게 소통하기 시작하면 다른 제품으로 판매가 확장될 수 있습니다. 나중에는 사람이 사람을 엮어주더군요. 한 사람과 관계를 잘 맺으면, 그다음에는 그 사람이 또 다른 사람을 소개하고 자연스레 영업이 되는 식입니다. 물론 이렇게 사람 만나는 게 익숙하지 않은 분들은 셀러로서 더 잘 해내면 됩니다. 저마다 가진 강점에 따라 최선을 다하면 되겠지요.

| 3단계 셀러 | 소싱업자(무역업자) 포지션

중국 처음 갔을 때가 무역업자로서 첫 시작!

예전에 제가 소싱업(무역업)을 처음 시작할 때 충분한 자금이 없었고, 경험도 없었고, 경험을 끌어줄 선배나 배울 곳도 없었습니다. 제품을 보는 눈조차 없었고 거래처도 없었지요. 그야말로 맨땅에 헤딩이었습니다. 그때에 비해 요즘은 의지만 있다면 인터넷, 온라인 강의를 통해 이 모든 것들을 빠르게 익힐 수 있습니다.

요즘은 판매자, 도매업자, 소싱업자(무역업자)의 경계가 많이 무너졌습니다. 모두 마음만 먹으면 수입을 직접 해와서 판매도 할 수 있으니 말이지요. 하지만 각자의 포지션이 따로 있다고 생각합니다. 무조건 당장 많이 파는 게 좋은 게 아닙니다. 내가 도매상인데 납품처와 함께 경쟁하고 싸우고 여기에 소싱업자(무역업자)까지 가세하는 건 생태계 전체를 위해서 옳지 않다고 생각합니다.

예전에는 소싱업(무역업)은 그 나라의 문화, 언어, 제품에 대한 것들을 다 이해하고 인프라도 충분히 있는 사람만 가능했습니다. 그러나 요즘에는 인터넷이 너무나도 발달했기 때문에 소싱업(무역업)의 범위가 모호해졌지요. 경계가 다 허물어지고 있습니다. 누구나 판매상에서 도매상 그리고 소싱업자(무역업자)가 될 수 있습니다. 그러니 두려워하지 말고, 꼭 도전해보시기 바랍니다.

소싱, 브랜딩, 스마트스토어 판매까지(feat. 저주파 목 마사지기)

지금까지 해외소싱의 진행 과정에 대해 살펴보았습니다. 이제 샘플 소싱에서부터 브랜딩 과정까지 소싱의 전 과정을 총 정리해보려고 합니다. 156쪽 〈실습〉에서 예로 든 저주파 목 마사지기를 가지고 설명드리겠습니다.

❶ **소싱처에 상품 문의하기** : 온라인이나 오프라인으로 소싱할 제품을 발견했다면 샘플을 신청해야 하는데요, 샘플 신청하기 전 체크할 사항이 있습니다. 인증을 받아야 하는 제품이라면 인증서를 요청하고, 제품의 사진과 인증 관련 정보, 구성품 정보를 확인합니다. 각종 사이트와 가격도 비교도 해봐야겠죠? 타제품과 가격 차이가 난다면 왜 그런지 꼭 문의를 해야 합니다. 이유가 인정할 수 있는 범위라면 샘플 소싱을 진행하시면 됩니다.

■ 샘플 신청하기 전 체크사항 ■

☐   인증서 확인(인증이 필요한 제품이라면)

☐   제품 사진 확인 → 생각했던 것과 다르면 굳이 샘플 신청 Pass!

☐   구성품 정보 확인

☐   인증 관련 정보 확인

☐   각종 사이트와 가격 비교

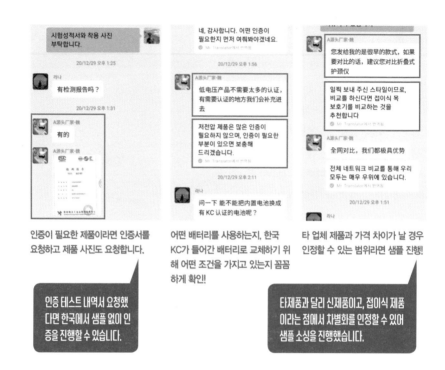

시험성적서와 착용 사진 부탁합니다.

20/12/29 오후 1:25

라나
有检测报告吗？

20/12/29 오후 1:31

A源头厂家-韓
有的

A源头厂家-韓

인증이 필요한 제품이라면 인증서를 요청하고 제품 사진도 요청합니다.

인증 테스트 내역서 요청했다면 한국에서 샘플 없이 인증을 진행할 수 있습니다.

네, 감사합니다. 어떤 인증이 필요한지 먼저 여쭤봐야겠네요.

20/12/29 오후 1:56

A源头厂家-韓
低电压产品不需要太多的认证，有需要认证的地方我们会补充进去

저전압 제품은 많은 인증이 필요하지 않으며, 인증이 필요한 부분이 있으면 보충해 드리겠습니다.
Mr. Translator에서 번역함

20/12/29 오후 2:11

라나
问一下 能不能把内置电池换成有 KC 认证的电池呢？

어떤 배터리를 사용하는지, 한국 KC가 들어간 배터리로 교체하기 위해 어떤 조건을 가지고 있는지 꼼꼼하게 확인!

A源头厂家-韓
您发给我的是很早的款式，如果要对比的话，建议您对比折叠式护颈仪

일찍 보내 주신 스타일이므로, 비교를 하신다면 접이식 목 보호기를 비교하는 것을 추천합니다.
Mr. Translator에서 번역함

A源头厂家-韓
全网对比，我们都极具优势

전체 네트워크 비교를 통해 우리 모두는 매우 우위에 있습니다.
Mr. Translator에서 번역함

20/12/29 오후 1:51

라나

타 업체 제품과 가격 차이가 날 경우 인정할 수 있는 범위라면 샘플 진행!

타제품과 달리 신제품이고, 접이식 제품이라는 점에서 차별화를 인정할 수 있어 샘플 소싱을 진행했습니다.

---

❷ 샘플 신청하기 : 샘플을 주문할 때는 2개 이상 주문합니다. 여러 가지 색상이 있다면 색깔별로 1개씩 주문해도 좋겠죠.

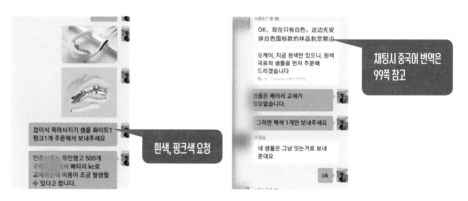

접이식 목마사지기 샘플 화이트1 핑크1개 주문해서 보내주세요

흰색, 핑크색 요청

인증서를 확인했고 500개 구미   서 배터리 kc로 교체하는데 비용이 조금 발생할 수 있다고 합니다.

A源头厂家-韓
OK, 现在只有白色，这边先安排白色国标款的样品到您那边

오케이, 지금 흰색만 있으니, 흰색 국표의 샘플을 먼저 주문해 드리겠습니다
Mr. Translator에서 번역함

샘플은 배터리 교체가 필요없습니다.

그러면 백색 1개만 보내주세요

우정님
네 샘플은 그냥 잇는거로 보내 준대요

ok

채팅시 중국어 번역은 99쪽 참고

❸ 키프리스에 브랜드 등록하기 : 샘플을 받아보고 제품을 판매하기로 결정했다면 키프리스에 특허 등록을 해야 합니다. 출시할 때 기존 회사 이름으로 진행할지, 새로운 브랜드명을 만들지 결정한 후 제품을 등록하여 특허 출원합니다.

출시할 때 기존 회사 이름으로 할지, 새로운 브랜드명을 만들지 결정! 여기서는 'ODAZOO' 브랜드로 런칭!

키프리스에 특허 등록하는 방법은 164쪽 참고

❹ 샘플 구성품 확인하기 : 샘플을 수령한 후 제품의 디자인과 구성품을 확인해야 합니다. 포장 방식이나 구성품 등 변경이 필요한 부분을 확인합니다. 제품의 하자가 발견된 경우에는 수정 요청하여 자신만의 제품을 만들어 나갈 수 있습니다.

제품은 훌륭했지만 포장은 고급스럽지 못한 상태

국내에서 판매할 때 경쟁사 진입장벽을 높이기 위해 자체 브랜드(ODAZOO)를 개발하고 이를 돋보이게 할 포장 방식 변경, 젤 패드 추가 등 본품을 제외하고 모두 바꾸었습니다.

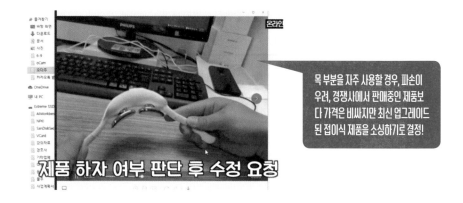

목 부분을 자주 사용할 경우, 파손이 우려, 경쟁사에서 판매중인 제품보다 가격은 비싸지만 최신 업그레이드 된 접이식 제품을 소싱하기로 결정!

제품 하자 여부 판단 후 수정 요청

⑤ 브랜딩 – 상세페이지 만들기 : 제품의 특징을 잘 보여주고, 매력적으로 보일 수 있도록 상세 페이지를 제작해야 합니다. 저는 모델과 촬영기사를 고용하여 사진과 간단한 동영상을 촬영하여 진행했지만 상품에 얼마나 투자할지는 본인이 재량껏 결정하면 됩니다.

KC 인증 표시

포장, 로고 등으로 브랜딩

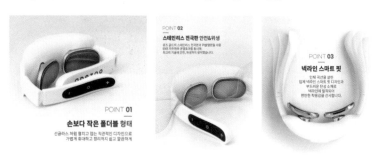

경쟁사 우위 품질 표시

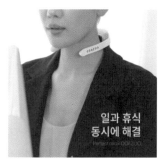

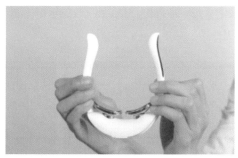

상품력 보여주기 : 동영상, 제품 시연, 국내
모델 기용 등

살펴본 것처럼 내가 소싱한 제품이 다른 제품과 차별화되고 경쟁력을 갖추기 위해서는 충분한 고민
의 과정이 필요합니다. 저는 제품이 있으면 언젠가는 누군가의 시선에 비춰질 것이고 누가 먼저 보느

냐의 차이라고 생각합니다. 그렇기 때
문에 선점하는 것도 중요하지만 선점
을 한 후 지킬 수 있는 힘을 키우는 것
이 중요합니다. 내 제품이 보호받기 위
해서는 브랜드 특허 등록, 인증이 반드
시 필요하니 잊지 마시기 바랍니다.

상세페이지 링크는 QR코드를
참고하세요.

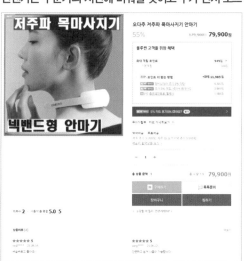

이우시장에서 상품 정하고, 주문, 선적까지!(feat. '푸시팝' 장난감)

중국 진화시에 있는 이우시장은 주로 인천/부산 ↔ 항저우 항공편을 이용해서 들어옵니다. 항저우에서도 2시간 차량으로 이동해야 하지요. 이우시장은 한국 평수로 약 33만 평 크기로 1~5기 섹션으로 구성되어 있습니다. 이우시장에 없는 물건은 세상에 없다는 말이 있지요. 너무 방대해서 원하는 물건을 찾는 게 쉽지는 않습니다. 여기서는 이우시장 현지에서 상품을 분석하고 찾는 법을 설명할게요.

❶ **1기 장난감 섹터에서 상품 정하기** : 돌아다니기 전에 상품을 정해야 헤매지 않습니다. 이번 방문에는 '푸시팝' 장난감으로 정했습니다. 참고로 이우시장은 각 매장이 협소하고 샘플이 한두 개만 비치되어 있습니다. 샘플을 준다면 냉큼 받아와야 합니다.

> 이우시장에서 히트를 친 상품은 한국에서도 성공할 가능성이 높습니다. 그래서 중국에 자주 가보는 게 좋아요.

❷ 매장 성격 파악하기 : 아래 매장은 실리콘 전문 취급점입니다. 그런데 여기서 한두 개 플라스틱 제품이 보인다면 그 제품은 다른 곳에서 위탁으로 받았을 확률이 큽니다.

❸ 이우시장 히트상품 공략하기 : 당시 '푸시팝'이란 제품이 여러 매장에 중점적으로 진열이 되어 있어서 인기를 확인할 수 있었습니다. 시간이 흐른 후 한국에서도 인기리에 판매 중임을 확인했습니다.

❹ 셀러 요구대로 개별 포장 여부 문의하기 : '푸시팝' 상품 포장이 다양한 것을 확인했습니다. 그런 다음 매장 직원에게 주문 물량에 따라 내가 원하는 디자인으로 포장해줄 수 있냐고 문의했습니다.

⑤ **상품과 가격 기록하기** : '푸시팝' 상품 포장이 다양한 것을 확인했습니다. 이우시장 바닥은 폴리싱 타일입니다. 여기에 물건을 놓고 나중에 지워질 수 있게끔 수성펜으로 가격을 쓴 후 사진을 찍어놓습니다. 이우시장 어느 매장에서 어떤 상품을 얼마에 파는지 기억하기 좋습니다.

바닥에 가격정보를 수성펜으로 쓰고 사진으로 남깁니다.

⑥ **상품 사이즈, 무게 기록하기** : 사이즈와 무게도 기록합니다. 나중에 창고에 들어온 제품과 같은 것인지 확인하기 위해서입니다.

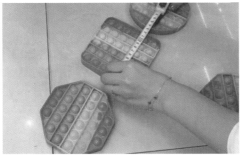 

❼ **상품 퀄리티 확인하기** : '푸시팝'은 누르는 게 핵심이라 일일이 눌러보면서 상태를 확인해봅니다. 비슷한 제품의 경우 무게가 더 나가는 것을 좀 더 견고하다고 판단하는 편입니다.

비슷한 상품 중 무게가 더 나가는 것으로 선택!

❽ **상품 주문하고 거래명세표 받기** : 여러 매장을 돌아다닌 후 상품을 결정했다면 거래명세표를 통해 가격, 수량, 색상, 납품일자, 계약금, 잔금 등을 세세히 체크합니다. 계약금을 주면 거래명세표를 줍니다.

❾ **거래명세표를 대행업체나 물류창고에 넘기기** : 거래명세서를 구매대행업체나 물류창고에 복사해서 넘깁니다. 내가 구매한 물건이 올 테니 체크해달라고 말합니다.

B/L(수출 서류 작성)

⑩ 물류회사에서 B/L(수출서류) 작성하기 : 물류대행회사는 수출서류를 작성해서 한국으로 넘깁니다. 이걸 토대로 관세청에서 세금을 매깁니다. 따라서 물건 단가를 위로 올리거나 내리지 말고 그대로 넘겨야 합니다.

⑪ 인천 입항 후 셀러에게 전달 : 물류대행회사를 통해 한국으로 물건이 들어오면 창고에 대기합니다. 여기서 통관 절차(필요한 인증 추가)를 거쳐 주문한 셀러에게 물건이 들어옵니다.

창고에 보관된 물건은 한국에 있지만 엄밀히 말하면 '무국적 지역'에 있는 셈입니다. 세관 통과가 되어야만 정식 한국 제품이 되며 문제시 폐기도 가능하니 유의하시기 바랍니다.

■ 수입 물류 출고 총정리 ■

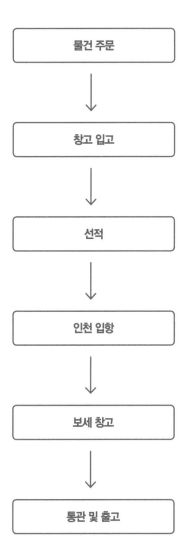

물건 주문

↓

창고 입고

↓

선적

↓

인천 입항

↓

보세 창고

↓

통관 및 출고

에필로그

판매자, 도매업자, 소싱업자(무역업자)도
상품에 대한 인사이트가 가장 중요!

    자신의 포지션이 무엇이든 중요한 것은 상품에 대한 인사이트를 계속해서 얻고자 노력하는 것입니다. 그래야 상품을 소싱할 수 있고, 시장에 몸담고 있으면서 다양한 기회를 엿볼 수 있습니다.

    상품을 찾는 법, 소싱처를 찾는 법, 시장조사하는 방법 등 다양한 실무 노하우를 알려드렸습니다. 상품 노하우에서는 초보 셀러들에게는 좀 생소하지만 알고 있어야 할 특허와 인증에 대해서 말씀드렸어요.

    특허에서는 상표와 디자인 그리고 기술에 대한 특허가 있었지요. KC 인증에서는 꼭 알아두어야 할 어린이제품 인증, 식약처 인증, 안전 인증, 전파 인증, 소방 인증 등에 대해 배웠습니다.

실무에서 이해가 잘 가지 않으면 다시보기를 하거나 제가 운영하는 물주 카페에 정리해둔 글이 있으니 참고하면 좋을 거예요. 특허와 인증은 전문가만큼 알 필요는 없지만 기본은 이해하고 넘어가면 좋겠습니다.

그다음에 통관과 관세에 대해 설명드렸죠. 그리고 마지막으로 내가 어떻게 하면 경쟁력을 더 가질 수 있는지에 대해서, 그리고 일반적인 셀러가 아니라 도매업자, 소싱업자(무역업자)로서의 포지션까지 이야기했습니다.

정글과도 같은 온라인 셀러 시장
차근차근 단계를 밟아 올라나가길

온라인으로 돈을 벌려는 분은 많은데 꼭 알아야 할 것들은 지나치는 경우가 많습니다. 이 책에 나온 정도만 알고 있어도 더 높은 단계로 올라갈 수 있을 것입니다. 조금만 더 경험하고 노력하면 스스로 자립할 수 있을 거예요.

이 책에서 지면상 다루지 못한 지엽적인 내용들은(스마트스토어 판매기술, 다양한 판매 루트 개척) 등은 다른 책이나 강의를 통해 참고하면 될 듯합니다. 아직도 두려움이 있다면, 이제는 알고 모르고의 영역이 아니라, 단지 미지의 세계에 대한 막연한 두려움 그것밖에 없다고 생각해요.

지금도 새롭게 진입하는 온라인 셀러들이 계속 들어오고 있습니다. 세상에 경쟁이 없을 수 없어요. 내가 어떤 존재인지 증명하기 위해서는 실천하면서 느끼고 배워야 합니다. 그것까지는 그 누구도 대신해줄 수 없어요.

소비자에게 팔릴 제품을 매일 찾아보는 행동,
루틴한 시장조사가 중요!

여러분들이 항상 물어보는 것 중, 어떤 제품을 찾아야 할지 모르겠다는 질문을 많은데 제가 정답을 드리기 어려운 이유도 말씀드렸고. 상황마다 다 다르기 때문에 이 책을 읽은 분들은 '제품을 열심히 찾아보는 것' 자체가 실천입니다.

그 실천에서 한 발짝만 더 나가게 되면 많은 성과를 이루게 될 겁니다. 그리고, 그 작은 한 발의 내딛음이, 설령 성공을 못했다 하더라도 값진 경험으로 남을 겁니다.

실천 중에서도 가장 중요한 것이 바로 소싱입니다. 하루에 한 개씩 물건을 찾고 소싱을 해보세요. 팔린다 싶으면 사입해보고요. 그리고 못 판 제품이 재고로 남았다면, 그 제품을 처리하는 것 또한 연구 대상이고, 극복해야 할 대상입니다. 이 모든 과정이 자산으로 남을 것입니다. 이게 무서워서 시도조차 하지 않는 일은 없었으면 합니다.

제가 지금 여러분께 이런 이야기를 과감히 드릴 수 있는 것도 과거의 제가 이런 저런 경험을 해봤기에 가능하다고 생각합니다. 편한 일만, 하던 일만 했다면 저도 경험치가 없는 사람일 뿐이겠지요. 저 역시 배우고 경험해야 할 일들이 너무나도 많습니다. 그 과정에서 때로는 넘어질 수도 있겠지요. 그러나 털고 일어나면 그뿐입니다.

무자본 해외소싱? 환상은 없다!
현실은 결국 투자한 만큼 돌아오는 것!

온라인 판매는 0원에서 가능하다 하지만 해외소싱은 그럴 수 없습니다. 오프라인에서는 간판 하나도 몇백만원인데, 왜 그런 투자 과정을 안 거치려고 합니까? 정말 노력 하나 없이 쉽게 돈 벌 수 있다면, 전부 여기 들어와서 해외소싱을 하겠지요? 그런데 왜 누구는 새벽에 일어나 버스를 몰고, 누구는 추운 겨울 어시장에서 장사를 할까요? 다 각자의 영역이 있는 것이고, 온라인이라고 해서 다를 거 없습니다. 기본적인 노력이나 자금 등은 당연히 필요합니다. 그 노력을 피해 갈 순 없습니다.

한숨만 쉬어도 하루가 가고 열심히 일을 해도 하루가 갑니다. 어떤 하루를 보내고 싶으신가요?

오늘도 최고의 하루를 만들어나가길!

긴 글 읽어주서서 정말 감사드립니다. 여러분 모두가 훌륭한 셀러로 거듭나기를 바라겠습니다. 여러분이 잘 안착할 수 있도록 훌륭한 파트너가 되어 드리겠습니다. 중간 중간에 설명드렸던 첨부파일도 잘 활용하시고 좋은 성과 있길 바라겠습니다.

물주 사이트 회원가입하고 혜택 받기
www.mulzoo.com

물주 소싱 지원 포인트 사용법

❶ 물주 사이트(www.mulzoo.com)에서 회원가입하기

❷ '추천인 아이디'에 밀봉된 쿠폰 속 코드를 입력하면 포인트 30,000점 적립!

물주 주관 이우시장&캔톤페어 참가 시 5만원 적립!

① 물주 사이트(www.mulzoo.com)에서 회원가입하기

② 사이트 오른쪽 하단 실시간 채팅 문의하기

맘마미아 시리즈

맘마미아 월급 재테크 실천법

맘마미아 지음 | 18,000원

이 책대로 하면 당신도 월급쟁이 부자가 된다!

| 통장관리, 가계부 작성, 예적금, 펀드, 주식, 경매 총망라!
| 금테크, 환테크, P2P 투자 등 재테크 최신 이슈 추가
〈부록〉 금융상품 Top3 / 연말정산 / 청약 / 전세살이 / 보험 수록

맘마미아 푼돈목돈 재테크 실천법

맘마미아 지음 | 15,000원

흙수저도 부자로 만드는 푼돈의 위력!

| 네이버 No.1 월재연 카페 성공사례 총망라!
| 식비 30만원 절약법 + 공과금 등 20만원 절약법
+ 부업으로 50만원 버는 법 수록!
〈부록〉 푼돈목돈 재테크 금융상품 Top3 소개

맘마미아 가계부 (매년 출간)

맘마미아 지음 | 12,000원

8년 연속 1위! 국민가계부!

| 초간단 가계부 – 하루 5분 영수증 금액만 쓰면 끝!
| 절약효과 최고 – 손으로 적는 동안 낭비 반성!
| 적금액 증가 – 푼돈목돈 모으는 10분 결산 코너!
〈부록〉 주 1회 무지출 실천법 / 냉파요리 레시피 / 영수증 모음 봉투 / 무지출 스티커

1억을 모았습니다

월재연 슈퍼루키 지음 | 14,000원

월재연 80만 회원 열광!

| 1억이 2억 되고 2억이 4억 된다
| 월재연 슈퍼루키의 1억 재테크 성장기
| 10인 10색의 생활밀착형 재테크 노하우 대공개!
| 왕초보도 따라할 수 있는 '진짜' 노하우 대공개!
1. 절약·저축으로 1억 모으기! | 2. 주식·펀드로 1억 모으기! | 3. 부동산 투자로 1억 모으기!

온라인 싹모아 (www.ssakmoa.kr)

언노마드스쿨과 중소벤처기업부가 함께하는 '온라인 싹모아'는 온라인으로 상품판매를 준비하는 분들을 위한 강의를 제공하고 있습니다. 자세한 강의 정보는 온라인 싹모아(www.ssakmoa.kr)에서 확인하실 수 있습니다.

'온라인 싹모아' 이런 분들께 추천합니다.

□ 스마트스토어, 쿠팡으로 온라인 판매를 하고 싶으신 분
□ 쇼피, 라자다로 국내 상품을 해외에 판매하고 싶으신 분
□ 오프라인 사업을 온라인으로 전환하고 싶으신 분

□ 블로그 마케팅을 배우고 싶으신 분
□ 온라인으로 수익화하고 싶으신 분
□ 사업가들의 찐 노하우를 매주 실시간으로 듣고 싶으신 분

물주 하사장 (www.mulzoo.com)

해외소싱이 처음이어도? 중국어 몰라도? OK!
저자가 운영하는 주식회사 '물주 하사장(www.mulzoo.com)'에서는 샘플 구매 대행부터 까다로운 인증까지 도와드리고 있습니다.

❶
소싱 전 필수 절차인
샘플 구매 대행

❷
원하는 상품을
보다 저렴하고 빠르게 소싱

❸
복잡하고 까다로운 인증 /
식약처 검사 컨설팅 및 대행